KB105421

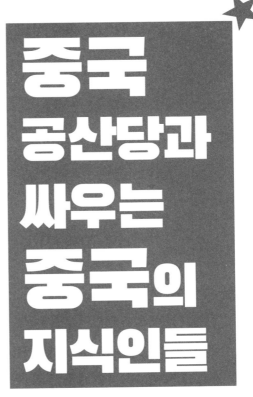

중국 공산당과 싸우는 중국의 지식인들

김문학 지음
신성기 옮김

YANG 얀문 MOON

중국 공산당과 싸우는 중국의 지식인들

초판 펴낸 날 | 2023년 12월 20일

지은이 | 김문학
옮긴이 | 신성기
펴낸이 | 김현중
디자인 | 박정미
책임 편집 | 황인희
관리 | 위영희

펴낸 곳 | ㈜양문
주소 | 01405 서울 도봉구 노해로 341, 902호
전화 | 02-742-2563
팩스 | 02-742-2566
이메일 | ymbook@nate.com
출판 등록 | 1996년 8월 7일

ISBN 978-89-94025-99-5 03300

중국 공산당과 싸우는
중국의 지식인들

중공은 폭망을 피할 수 없다

중국 공산당은 민중 봉기에 이은 내전이나 전쟁 도발과 패전이라는 폭력적 종말을 목전에 두고 있다. 다른 길이 없다. 이 책 〈중국 공산당과 싸우는 중국의 지식인들〉은 그 이유를 명료하게 설명한다. 중국에서 태어나 자란 비교문화학자이자 문명비평가인 저자 김문학은 중국을 사랑하고 중국 공산당을 저주하는 13명의 중국 지식인들과 나눈 얘기를 책으로 엮었다. 중국 공산당이 지배하는 중국의 현실을 증언하는 중국인들의 목소리를 들을 수 있는 귀한 책이다.

역사학자 위안웨이스는 코로나가 중국 공산당 일당 독재 체제의 사생아라고 직격하며, 중국인들의 안녕을 위해 민주주의와 법치주의가 필수적이라고 절규한다. 법학자 허웨이팡은 중국 공산당이 70여 년 간 '위법·불법'인 상태로 의회와 법원 위에 군림하며 언론의 자유가 없다, 그 결과 부정부패을 피할 수 없다고 갈파한다. 해법은 역시 민주주의와 법치주의다. 사회학자 저우샤오정은 중국 공산당이 사회주의라는 옷을 입은 나치이고, 시진핑의 지능은 초등학생 수준이라고 정확하게 지적한다. 중국의 경제 성장은 인민에 대한 착취와 자연 환경 파괴 때문에 가능했고, 중국 공산당의 선전과 세뇌가 국민의 분노를 억누르고 있다고 분석한다. 역시 사회학자인 귀위화는 중국의 서민들이 살아가는 것 자체가 힘든 현실 속에서 어떻게든 살아남기 위해 서로를 상대로 훔치고 괴롭히고 학대하는 현실을 고발한다. 경제학자 마오위스는 자유시장경제로의 전환을 주창하며 이를 위해 재산의 소유권을 명확히 해야 한다고 외친다.

중국 헌법 제15조는 "국가는 사회주의 시장경제를 시행한다", 제13조는 "공민의 합법적 사유재산은 불가침이다"라고 규정한다. 싱가포르의 전 수상 리콴유는 2001년 8월, 당시 한나라당 총재였던 이회창과의 면담에서 이렇게 명쾌하게 정리했다. "(중국의) 공산주의는 표면(facade)에 불과하다. 중국은 사회주의적 공산주의란 표현을 쓰지만 사실상 완전한 자본주의 국가이다. 중국은 사회주의라는 명분하에 공산당의 힘, 영향력, 정당성을 유지하려 한다." 공산당은 남의 사유재산을 언제든지 빼앗아 제것으로 만드는 조폭, 마피아 집단이다. 사유재산을 보장하지 않는 나라의 경제 성장은 한계가 있을 수밖에 없다. 공산당 간부들을 포함, 돈을 번 자들은 어떻게든 그 돈을 외국으로 빼돌리려 하고, 외국인들도 투자를 기피한다.

법치의 핵심은 사유재산의 보장이다. 중국 공산당은 법치를 할 수 없다. 법치를 한다는 것은 권력을 포기하는 것이다. 지금까지 폭압적 권력으로 중국을 이끌어온 중국 공산당이 권력을 포기하면 당이 해체되는 건 물론이고 중국이 해체된다. 1989년 천안문 광장에서 "반관료, 반부패, 청렴한 공산당 만세"를 외치던 수만 명의 시위대를 향해 덩샤오핑은 기관총을 난사하고 탱크로 밀어버리라고 지시했다.

헌법 제1조에서 '중국 공산당의 영도'를 명기하고 일당 독재를 하는 중국은 부패와 비효율을 피할 길이 없다. 서방 세계가 중국을 국제 무역 질서에 편입시켜 투자도 하고 시장도 열어준 덕분에 중국은 단기간에 눈부신 경제 성장을 이루었다. 그 과정에서 중국 공산당은 부단히 기술을 훔치고 통일 전선 공작을 펼치면서 세계를 정복하겠다는 야심을 키워 왔다. 서방 세계는 뒤늦게 중공의 야심을 눈치채고 대응을 시작했다. 국제 공급망에서 중국의 입지를 축소시키고 간첩을 색출하며 기술 이전을 차단한다.

그 결과 인민의 삶은 더욱 고달파졌고, 공무원들마저 생계를 걱정하게 됐다. 중국 공산당은 그럼에도 불구하고 일대일로를 비롯해서 세계 모든 나라를 상대로 한 통일 전선 공작에 국부를 낭비한다. 군함을 '찍어낸다'라는 말을 들을 정도로 군비를 확충하며 역시 국부를 낭비한다. 독재와 부패로 인한 인민의 불만을 억누르려 방첩법을 제정, 그나마 버티던 외국인 투자자들을 추방한다.

결국, 중국 공산당은 민중 봉기에 이은 내전이나 전쟁 도발과 패전이라는 폭력적 종말을 피할 길이 없다. 황당한 건, 우리 국회가 이런 현실을 의도적으로 외면하고 있다는 점이다. 국회는 중국 공산당에게 밉보이지 않으려고 몸조심하느라 여념이 없다. 윤석열 대통령이 한미일 가치·안보·경제동맹을 구축하기 위해 동분서주하는 가운데, 작년 12월에는 100여 명의 국회의원이 한중의원연맹을 만들었다. 공산당이 국가를 지배하는 중국에서, 전국인민대표대회는 의회가 아니라 거수기에 불과하다. 중국 공산당의 만행과 침투 공작을 애써 외면하고 '의회 교류'를 하겠다는 것은 중국 공산당에게 포획되었다는 증거라고 우리는 판단한다.

2023년 6월, 도종환 등 민주당 의원 일곱 명은 티베트를 방문, "순수하고 아름다운 신비의 땅 티베트" 운운하며 중국 공산당에게 꼬리를 흔들었다. 같은 해 11월, 한중의원연맹 소속 여야 의원 21명은 이 엄중한 시기에 소위 '의회 교류'를 위해 중국을 방문했다. 더불어민주당 박영순 의원은 탈북민 태영호 의원에게 "북한에서 쓰레기가 왔다"라고 조롱했다.

나는 우리 국회의원들이 이 책 〈중국 공산당과 싸우는 중국의 지식인들〉을 정독하기를 권한다. 다행히 직관적으로 중국 공산당의 정체를 꿰뚫어보고 있는 우리 젊은이들도 이 책을 통해 중국에 대한 이해를 보다 확충하기를 기대한다.

끝으로, 중국 공산당의 몰락과 함께 세계 질서가 재편되는 이 중차대한 시기에 이 책을 써 주신 작가 김문학 씨와 흔쾌히 번역해 주신 신성기 대표께 감사드린다. 꾸준히 양서를 출판함으로써 나라를 지키는 데 일익을 담당하시는 양문출판사 김현중 대표께도 존경을 담아 박수를 드린다.

파로호(破虜湖)포럼 대표 한민호

들어가면서

중국 공산당과 싸우고 있는 '지식인 용사'들의 피맺힌 절규

우한에서 발생한 코로나바이러스가 세계적으로 유행하면서 중국의 독재주의적 병폐가 한꺼번에 밝혀졌습니다. 다른 측면에서 생각해보면 이번 우한 바이러스의 발발은 중국 역사에서 큰 전환점이 될 가능성도 없지 않습니다.

중국은 개혁 개방 정책을 실시한 이래 지금까지 40년여 간에 걸쳐 고도 성장을 구가하면서 GDP 세계 2위의 경제 대국으로 발전하였습니다. 하지만 현대 중국이라는 거대한 국가의 곳곳에는 경제 성장의 그늘에 숨겨진 다양한 문제가 산적해 있습니다. 시진핑 체제가 성립한 후 중국 사회는 마오쩌둥 시대로 돌아간 것처럼 언론이 통제되고 감시와 밀고가, 고도화된 디지털화에 의해 그 모습을 바꾸어 등장하였습니다. 그야말로 중국은 조지 오웰의 소설 〈1984〉의 실사판 그 자체가 되어버렸습니다.

사회 전체가 '시진핑 왕조'가 되어 마치 문화대혁명(문혁, 1966~1976년) 때로 되돌아간 것 같은 느낌입니다. 화려한 '사상 최고의 중국'이라 자화자찬하는 괴물의 껍질을 한 장 벗겨보면 그 현실은 깜짝 놀랄 정도로 끔찍합니다. 세상에는 그다지 알려지지 않았지만 사실 중국 대륙에는 반체제 혹은 자유 독립의 양심을 가진 지식인이 수없이 많습니다.

한편 지금 일본에서는 재일 중국계 지식인이 중국 비판을 활발하게 전개하고 있습니다. 하지만 저를 포함한 몇 안 되는 중국 출신 지식인은, 반성을 겸해서 말하자면, 일본의 민주주의에서 보장되고 있는 언론의 자유를 충분히 누리면서 일종의 '통제 없는 발언'을 하고 있는 것은 아닐까 하는 생각이 듭니다.

그런 측면에서 말하자면 중국 본토의 독재 체제 속에서 중국의 부조리와 그 병폐에 대해 용기 있는 비판을 이어가고 있는 지식인들이야말로 진정한 '용사'라 말하지 않을 수 없습니다. 그처럼 엄격한 언론 통제, 인권 탄압을 받으면서도 굳이 비판적 지식인으로서 자신의 신념을 굽히지 않는 그들에게 저는 최고의 경의를 표하는 바입니다.

저 김문학은 중국에서 태어나 자란 비교문화학자이자 문명비평가로서, 중국에서 발언을 계속 이어가고 있는 비판적 반체제 지식인을 주목하고 있었습니다. 지인이기도 한 이들과 만나 인터뷰를 하고 그 육성을 중국 밖에 전하고 싶었습니다.

그 일환으로 2015년부터 2020년 3월에 걸쳐 30여 명의 중국 엘리트 지식인과 대담하였습니다(물론 코로나의 영향 등으로 전화 인터뷰를 한 분도 몇 분 계십니다). 그 면면을 살펴보면, 세계적으로 저명한 베이징대学의 허웨이팡[賀衛方] 교수, 노벨 문학상 후보로 항상 이름이 오르내리는 작가 옌롄커[閻連科], '중국 경제학계의 루쉰[魯迅]'이라고도 일컬어지며 90세의 노익장을 과시하면서 활발하게 활동하는 마오위스[茅于軾] 교수, 칭화대학의 여걸인 궈위화[郭于華] 교수, 전 중국런민대학 교수로 '중국 공산당은 21세기의 나치'라고 노골적으로 갈파한 저우샤오정[周孝正] 교수, 기괴한 소설로 일본에서도 잘 알려진 여성 작가 찬쉐[殘雪] 등 모두가 쟁쟁한 일류 학자, 작가들입니다.

현재까지 일본에서의 중국 비판과 분석은 일본에 거주하는 중국 연구가, 평론가 및 저널리스트에 의한 것이 대부분이었습니다. 그러나 이 책은 중국 대륙에 있는 엘리트 지식인에 의한 중국 비판, 고발의 목소리를 한 곳에 모은 매우 귀중한 자료입니다. 공정하고 객관적으로 자국의 현상을 바라보는 중국 내의 엘리트 지식인들은 입을 모아 자국 정치 체제의 문제점과 폐해를 지적하면서, 시진핑이 이끄는 중국은 앞으로도 이대로라면 경제, 정치, 문화, 교육으로부터 국민의 일상에 이르기까지 모든 분야에 걸쳐 파멸의 위기에 처할 것이라고 목소리를 높이고 있습니다.

중국에 정말 내일이 있는 것일까요?
이 책에 등장하는 중국인 엘리트들의 육성에 귀를 기울여주십시오. 거대한 적과 매일 싸우며 고통받으면서도 중국을 비판하고 자유를 추구하는 진정한 외침을 들을 수 있을 것입니다. 그러한 의미에서

저는 여러분이 중국을 더욱 깊게 이해하는 데 이 책이 최선의 방향
을 제시할 것이라 믿어 의심치 않습니다.

김문학 씀

목차

코로나는 중국 독재 체제의 사생아다
역사학 대가가 밝히는 세계적 참사의 뒷면

위안웨이스[袁偉時]

- 옛 중산대학[中山大學] 철학부 교수. 현대 중국 역사학의 태두로, 대학에서 퇴직한 지금도 국내외 언론에서는 개별 사안에 대해 자신의 의견을 피력하고 있다.
- 1931년 광둥성 출생
- 1950년 중산대학 경제학부에 진학한 후 푸단대학[復旦大學]에서 정치경제학를 연구하였고 1957년 졸업. 그 후 중산대학에 부임하였다.
- 철학부 교수, 동 대학 쑨원학원장[孫文學院長] 등을 역임한 후 1994년 퇴임
- 2006년 중국 잡지 〈빙점주간(氷点週刊)〉에, 역사 교과서에 게재된 역사 인식을 비판적으로 재검증하는 논문을 발표하였다. 그 후 해당 잡지는 정간이 되는 수모를 당하였다.
- 2008년 미국 스탠포드대학 후버연구소 객원 연구원 역임. 그 후에도 언론 등에 열정적으로 자신의 견해를 계속하여 표명하고 있다.
- 주요 저서 : 〈신판 중국역사교과서 문제-편협한 내셔널리즘의 위험성〉, 〈중국현대철학사고〉, 〈근대중국논형〉, 〈중국현대사상산론〉, 〈대국지도(大國之道)〉, 〈제국낙일-만청대변국〉 등 다수

위안웨이스[袁偉時] 교수는 2020년 80세를 맞이한다는 것이 믿을 수 없을 정도로, 젊을 때와 마찬가지로 열정적으로 중국 비판과 평론을 이어가고 있다. '笑看塵, 該說就說'이 그의 신조로, "세상 움직임에는 미소로 대하되, 해야 할 말은 거침없이 한다"라는 뜻이다. 그런 위안 교수를 전화로 취재했다.

우선 수화기 저 너머로 들려온 것은 위안 교수의 밝은 웃음 소리였다. 그리고 다음과 같이 명확하게 말하였다.

"허언으로 가득 찬 이 사회에서 나는 역사의 진실을 찾아내어 내가 본 것, 생각한 것을 있는 그대로 쓰고 말하고 있습니다."

그는 어렸을 때 마오쩌둥 사상에 세뇌당하기도 하고 중국 공산당 체제에 영합하기도 하였다고 한다. 그는 그런 삶을 이렇게 고백했다.

"다소 우둔한 성격으로, 인생의 후반기에 사상적으로 눈을 뜨면서 진리를 추구하는 학자, 사상가로 변모하게 되었습니다."

학문적으로는 경제학을 시작으로 철학을 전공하였으며 개혁 개방 후에는 중국 근대사, 사상사로 연구 대상을 넓힘과 동시에 다양한 동시대의 병폐에 대해서도 예리하게 일침을 가하고 있다.

2006년 잡지 〈빙점주간〉에서는 1900년 난을 일으킨 의화단을 비인도적 집단으로 규정하는 등, 중국의 역사 교과서와는 정반대의 '진실'을 적은 논문을 과감하게 발표하여 해당 잡지가 정간되는 사건을 일으켰다.

1994년 중산대학 철학부 교수로 정년 퇴직한 후의 학문적 성과가 재직 시보다 오히려 더 많은 재야의 영웅이기도 하다. 역사와 사상

연구를 바탕으로 한 시류에 대한 날카로운 비판은 정평이 나 있어 많은 팬의 지지를 받고 있다. 위안 교수는 다음과 같이 말한다.

"인간의 존엄과 진실에 대해 발언하는 것이 나의 사명이고 야만을 이기는 문명사관을 수립하는 것이 나의 목표입니다."

대담의 주제는 현재 전 세계를 뒤흔들고 있는 중국 우한발 코로나에 대한 것으로 "코로나바이러스는 중국 공산당 체제의 전체주의에 따른 병폐"라고 규탄하는 그의 이야기 이곳 저곳에는 정부에 대한 분노가 흘러넘쳤다.

슬픔과 함께 시작된 2020년

김문학 2020년 연초부터 신종 코로나바이러스가 기승을 부리며 지구 전체로 퍼지고 있는데 교수님께서는 어떻게 지내고 계신가요?

위안웨이스 예, 이번에 인간의 생사와 직접 관련된 감염병이 퍼지고 있지만 저는 그렇게 당황스럽지도 무섭지도 않아요. 게다가 저는 지금 89세의 노인이다 보니 무언가를 할 수 있는 것도 아니고요. 다만 감염을 피하기 위해 집에 틀어박혀 자가 격리하는 동시에 매일같이 뉴스와 인터넷을 샅샅이 살피면서 확산되는 상황에 주목하고 있습니다. 그와 동시에 중국 사회의 병폐에 대해서도 다시 한번 생각하고 있고요.

김문학 그럼 글을 쓰고 계신가요?

위안웨이스 역사에 관한 새로운 논문 등을 쓰고 있었지만 현재는 코로나라는 처참한 상황 때문에 중단하고 있습니다. 마음도 안정이 되지 않아 도저히 과거의 역사를 되돌아볼 수 있는 상태가 아닌 셈이지요. 그것보다 눈앞의 중국 현실이 더 마음 아픕니다.

우한은 지금 믿을 수 없을 정도로 심각한 상황입니다. 부모가 감염되어 사망하면 자식들이 장례식도 치르지 못한 채 부모의 시신이 운구되어버린다고도 합니다. 물론 자식이 병사해도 부모가 시신을 보러 갈 수 없고 남편이 죽어도 부인은 장례식조차 나갈 수 없으며,

젊은 엄마의 시체가 차로 옮겨질 때 어린 애가 쫓아가면서 "엄마, 어디로 가는 거야?"라며 울음을 터뜨리는 상황이지요.

록다운된 대도시에는 사람 하나 볼 수 없습니다. 구급차, 경찰차, 운구차, 빨간 완장을 찬 감시인 정도밖에 없어요. 그야말로 SF 영화, 아니 SF 영화보다 더 무서운 광경입니다. '인간 지옥'이 있다면 이런 느낌이 아닐까요? 어찌 되었건 중국은 슬픔 속에서 2020년을 보내게 되었습니다. 물론 세계 모든 나라가 마찬가지긴 하지만요.

폭발적 감염 확산을 초래한 당 간부의 '숨은 재주'

김문학 왜 코로나바이러스가 이렇게까지 확산되었다고 생각하십니까?

위안웨이스 모든 재앙은 그야말로 '인재(人災)'입니다. 코로나가 2019년 12월 우한에서 발생한 이후 그 확산을 제대로 제어하지 못한 데는 전문가의 잘못된 판단도 한몫하였습니다. 바이러스 샘플을 채취하고 그 병의 원인을 규명하여 어떻게 그 확산을 억제할 것인가에 주력하는 것이 아니라 논문 발표를 선행하려 했으니까요. 물론 전문가들의 도덕적 무책임과 함께 후베이성 우한시 지도부가 관료주의와 항상 그렇게 해 왔던 '자화자찬'에 빠져 폭발적 확산을 막을 수 있는 기회를 놓친 것도 큰 문제였고요.

김문학 '은폐 체질' 때문이라는 거죠?

위안웨이스 예, 그렇죠. 진상에 대해서 두 가지로 나누어 말할 수 있습니다.

우선 첫 번째로, 우한 의사들과 관련된 이야기인데요. 구체적으로 예를 들면 가장 먼저 코로나가 유행할 것을 우려하면서 싸우는 도중에 목숨을 잃은 리원량[李文亮] 씨 등은 이 바이러스가 확산되면 생길 수 있는 무서움에 대해 잘 알고 있었습니다. 사실 리원량 씨를 포함한 여덟 명의 의사는 코로나바이러스에 대해 위챗을 통해 정보를 알리면서 경종을 울렸습니다.

한편 중앙에서 파견된 전문가들도 곧바로 실험실에서 코로나바이러스 분리에 성공하여 국제 학술지에 논문을 발표했습니다. 이런 전문가와 후베이성 정부 책임자들은 "바이러스는 사람에게서 사람으로 전염되지 않는다", "곧 억제할 수 있다"라고 장담하면서 감염 위험을 은폐한 것입니다. 1월 20일 이후에 코로나 대책팀을 이끌게 된 중난산[鍾南山] 박사가 그 위험성을 공표함에 따라 중국인들은 비로소 코로나19의 무서운 감염력을 알게 되었습니다. 그러나 그 시점은 이미 바이러스 발견으로부터 보름이나 지난 때였습니다.

김문학 그렇게 생각하면 확실히 인재가 맞네요. 공교롭게도 춘절(春節, 중국의 설날)과 대학생 겨울방학이 겹쳐 있었지요.

위안웨이스 예, 아시다시피 우한은 인구 1,000만 명이 거주하는, 중국의 '배꼽'이라 불리는 대도시입니다. 마침 그 당시는 1년에 한 번 있는 중국인의 대 이동 시즌이라 원칙대로라면 국가 지도부가 감염 확산 저지를 최우선으로 해야 했습니다. 그런데 중국 공산당이 그들의 숨은 재주라고 할 수 있는 '정보 은폐'를 하느라 그 기회를 놓치고 말았습니다. 그 결과 초래된 것이, 오늘날까지 계속되고 있고 중국 전역뿐만 아니라 전 세계적으로 감염이 확산되는 최악의 국면입니다.

그래서 이것은 명백히 '인위적인 재해'가 아닐 수 없습니다. 우한시와 후베이성의 전문가와 지도부에 대해 인민들이 비난을 퍼붓고 있지만 당사자들은 책임 회피와 핑계로 일관하고 있습니다. 위아래 할 것 없이 이런 허언을 반복하는 지방과 중앙 당 간부의 '악습'이 이런 사태를 일으킨 것입니다.

김문학 그렇군요. 게다가 진상을 말한 리원량 씨 등 여덟 명의 의사에 대해서는 유언비어 유포죄로 징계 처분을 내렸다지요.

위안웨이스 예, 진상을 공표하면 우한시나 후베이성이 지금까지 해온 거짓된 정치적 공적이 날아가기 때문에 그런 처분을 내린 것입니다. 그런데 김문학 님, 알고 계신가요? 바이러스 감염 위험이 있었음에도 불구하고 1월 18일 우한시 정부는 4만 명의 가족이 한곳에 모이는 이른바 '만가연(萬家宴)'을 성대하게 치렀습니다.

1월 20일 당 중앙지도부의 지시가 있은 후에도 후베이성 지도자들은 아무런 조치도 취하지 않았습니다. 이런 자들은 지도자로서 실격입니다. 그 후 1월 20일부터 22일까지 우한에 머물던 홍콩대학의 바이러스 전문가 관이[管軼] 씨가 언론에 신종 코로나바이러스에 관한 발표를 하여도 여전히 우한 당국은 아무것도 하지 않았습니다. 최저 수준의 경보조차 내리지 않은 겁니다. 1월 23일, 당 중앙의 고위 인사가 와서야 비로소 봉쇄가 결정되었습니다.

실무 측면에서는 '무능', 인도주의적 측면에서는 '무심'
김문학 중국은 2003년 사스(SARS, 중증 급성 호흡기 증후군) 경험도 있었기 때문에 좀 더 효과적인 방식으로 신종 코로나바이러스를 막을 수 있지 않았을까요?

위안웨이스 아닙니다. 그렇게 막은 적은 전혀 없었어요. 21세기가 시작되고 20년 동안 세계에서 발생한 세 차례의 대 유행병 중 두 번은 중국에서 발생했습니다. 원칙대로라면 중국 정부가 그 교훈을 충분히 살려 제대로 된 대응책을 마련하여야 하였지만 그런 사건들에도 불구하고 아무런 조치도 취하지 않았지요. 중국은 지금 GDP 세계 2위의 대국으로 IT 등 최첨단 기술도 발달했지만 정신은 과거 농경문화 수준에 멈춰 있습니다. 전체주의적 수직 명령형 사회가 언뜻 효율이 좋아 보일지 모르지만 실은 무능하고 또한 무심하기까지 합니다.
　일부 민족주의자들은 인터넷과 위챗에서 일본의 코로나바이러스 대응에 대해 바보 취급하고 있지만 일본 국민의 자질, 성숙한 과학적·이성적 대응력은 중국과 비교할 바가 아닙니다. 중국은 중앙과 지방이 힘을 합친 거국 일치 체제로 우한을 전력 지원하였습니다. 국민들도 "우한지아유(武漢加油, 우한 힘내라)"라고 응원했고 의사, 간호사, 물자 등이 우한에 홍수처럼 투입됐습니다. 그러나 우리가 그 후에 본 것은 지원 물자가 산적된 상태로 물류가 마비된 것이었습니다. 구호 물자도 마스크도 전혀 원활하게 유통되지 않았습니다.

게다가 사전 준비도 없이 도시를 봉쇄하는 바람에 교통도 산업도 멈춰버려 현장에서 일하는 의사, 간호사들이 출근하는 것조차 여의치 않았습니다. 그들에게는 최소한의 마스크와 방호복 등도 부족했습니다.

김문학 심각한 상태였군요. 다만 우한에서 1월 23일에 봉쇄하고 나서 불과 열흘 간이라는 경이로운 속도로 병원이 건설된 건 사실이지 않습니까?

위안웨이스 짓기는 지었지요. 하지만 그뿐이었습니다. 실제로 시설을 사용해보니 여기저기에 결점이 많았습니다. 원래 일본이 재해 때 사용하는 체육관이나 공민관 같은 공공시설도 만족스럽게 활용할 수 없었습니다. 우한에는 2003년, 사스가 발생했을 때 베이징에서 활용한 방식만을 단순히 흉내냈을 뿐이었던 거죠. 확진자 수 통계조차 시원찮았습니다.

신종 폐렴에 대한 엉성한 대응으로 우한시 정부의 구호는 손색이 없었지만, 실무 측면에서는 '무능'하였고 인도주의적 측면은 '무심'하였다는 것이 밝혀진 것이지요. 이처럼 중국 전체주의에 의한 통치 실패로 서구로부터 비판을 받았을 뿐만 아니라 적대시되는 상황에 처하였습니다. 지금 유럽과 미국에서는 새롭게 '황화론(黃禍論)'마저 대두되고 있습니다.

21세기 '신황화론(新黃禍論)'

김문학 황화론이라면, 19세기 말 청일전쟁 무렵부터 러일전쟁을 지나 1920년대까지 서양에서 유행한 "황색 인종은 세상에 재앙을 초래한다"라는 생각을 말하는 것이죠?

위안웨이스 예, 그렇습니다. 당시 서양인들은 러일전쟁에서 처음으로 백인에게 승리한 일본에 대한 경계심을 급속하게 강화하였습니다. 단적으로 말하면 일본인의 능력을 두려워한 '인종 차별 사상'입니다. 그러나 지금 대두된 '신황화론'은 말할 것도 없이 중국인이 나쁜 이미지를 심어준 탓입니다.

최근 중국의 대외 확장에 대해 각국이 경계심을 높이고 있었습니다. 그 와중에 이번 코로나19 확산으로 세계 인류에게 큰 위협을 주는 전염병의 발생 근원지가 중국이라는 사실이 전 세계에 알려지면서 황화론이 다시 부활한 것이지요. 과거 일본인은 무서울 정도의 무사도 정신으로 무장하고 있었기 때문에, 한편으로는 긍정적인 '황화론'이라고 할 수도 있었습니다. 그러나 현재의 중국인은 바이러스 병균이라는 매우 부정적인 '황화론'의 대상이 된 것이지요.

김문학 납득가는 말씀입니다. 그 그로테스크한 박쥐를 비롯한 야생 동물을 중국인들은 즐겨 먹으니까요.

위안웨이스 정말 즐겨 먹지요. 사스는 2002년 광둥성에서 발생했는데, 광둥성에는 많은 식재료 중에서도 야생 동물을 즐겨 먹는 관습이 있습니다. 당시 흰코사양고양이나 쥐 등 야생 동물을 먹는 관습으로부터 사스가 발생한 것은 틀림없어 보입니다. 이번 우한에서는 박쥐를 즐겨 먹기 때문에 거기서 발생한 코로나바이러스가 사람에게 옮은 것 같습니다.

김문학 금박쥐는 4,000여 종의 병균을 지닌 숙주로, 평소에는 동굴 속에 사는 야행성 동물이기 때문에 원래는 사람과 별로 접촉이 없다는 말이 있는데요?

위안웨이스 사람을 멀리하는 그런 야생 동물을 먹으니 문제가 되는 거죠. 완전히 자업자득이라 말할 수 있고요. 서양에서 바이러스를 전파하는 황인종이라고 비웃는 것도 어떻게 보면 당연한 노릇입니다. 그 구실을 준 것은 바로 우리 중국인이니까요.

전근대적 습속에서 생겨난 '중화 인민병 공화국'

김문학 2020년 2월 3일자 월스트리트 저널에 미국의 한 정치학자가 '중국은 아시아의 환자'라는 글을 발표하였습니다. 100년 전 아편에 빠진 중국인을 가리켜 사용된 멸시의 말 '동아병부(東亞病夫)'의 부활이라는 느낌이었는데 위안 교수님은 어떻게 생각하십니까?

위안웨이스 확실히 충격적인 제목이지만 반론을 제기하기가 쉽지 않습니다. 한 마디로 인종 차별이라 할 수도 있지만 이런 논고도 어떻게 보면 우리 중국인의 현주소를 보여 주는 것이기에 반성의 근거로 삼아야 하지 않을까요?

김문학 씨 말씀대로, 과거 청조 말부터 1940년대에 이르기까지 중국과 중국인에 대해 서양인들은 '동아병부'라고 멸시했습니다. 아편으로 마르고 무기력하며 병약한 중국인을 지칭한 말이었지요. 중국인들은 몸이 쇠약할 뿐만 아니라 그 사상이나 정신도 폐쇄적이고 무지몽매하다는 의미도 포함하고 있었습니다.

어쨌든 기묘하고 그로테스크한 야생 동물을 몸에 좋다거나 복을 가져다 준다고 믿고 먹는 전근대적인 민속적 관습은 확실히 서양의 합리적인 과학주의와는 절대 양립할 수 없습니다. 그러니 서양인이 중국인을 끔찍하다고 생각하는 것도 어느 정도 이해는 됩니다.

김문학 동감입니다. 얼마 전 일본에서 강연한 후, 한 일본인이 "중국인은 왜 세계적 강국으로 최근 눈부시게 발전하고 있는데도 세계 문명에 기여하기는커녕 사스나 코로나바이러스 같은 병원균을 세계에 퍼뜨리나요?"라고 저에게 묻더군요.

위안웨이스 그렇군요. 그 질문에 일리가 있어요. 실제로 사스 이후 중국 신문 보도에 몇 가지 실증적인 데이터가 게재되었습니다. 예를 들어 신화사 인터넷 보도에 따르면, 중국의 만성 B형 간염 보균자 수는 1억 3,000만 명에 달하고 30~50%의 환자는 모태 감염이라고 합니다. 광둥성의 감염률은 7~18%(전국은 9.75%)로 여섯 명 중 한 명이 보균자입니다.

중국 신문 보도에 따르면, 중국의 석탄 산출량이 세계의 35%를 차지하는 가운데 전 세계 탄광 사고 사망자 중 중국인 비율은 80%나 된다고 합니다. 그 사망률은 인도의 열 배, 남아프리카 공화국의 서른 배, 미국의 무려 100배나 됩니다. 또 중국의 결핵 보균자는 5억 5,000만 명, 즉 중국인의 거의 두 명 중 한 명이라고 합니다. 대학생 에이즈 환자 수가 일본의 100배이고 당뇨병 환자는 400만 명, 비만증이 3억 명이고, 6억 명이 양치질을 하지 않는다는 데이터도 있어요.

김문학 그야말로 '중화 인민병 공화국'이네요. 아시아의 환자라는 멸시적인 별명에서 우리는 무엇을 생각해야 할까요?

위안웨이스 반성해야 할 일이 산더미처럼 많지만 우선 급한 것만 언급해 보겠습니다.

우선 중국인의 식습관을 바꿔야 합니다. 〈사기〉에도 나와 있듯이 '민이식위천(民以食爲天, 백성은 음식으로 하늘을 이룬다)', 즉 '서민에게 있어 먹는 것이 가장 중요하다'라는 전통이 있어 중국인에게는 음식에 목숨을 거는 DNA가 있습니다.

게다가 요즘 인기 있는 '설첨상적중국(舌尖上的中國, 혀로 맛보는 중국)'처럼 중국인들의 식욕을 부추기는 TV 프로그램이 많다는 것도 염려가 됩니다. 인터넷이나 TV에서 큰돈을 들여 중국인의 기묘한 식습관, 특히 야만적으로 먹는 방법을 과장되게 선전하는 것도 큰 문제입니다. 박쥐나 천산갑 같은 야생 동물을 즐겨 먹는 것은 중국인들의 치욕이자 죄라고도 할 수 있을 정도입니다.

먹는 것에 집착하는 것은 심리학적으로는 유치함, 미숙함의 표현으로 여겨집니다. 국민의 행복과 풍요로운 삶의 질은 야생 동물을 먹는 것과는 전혀 상관이 없습니다. 중국인은 뭐든지 먹는 식습관으로 인해 자신의 건강을 해치고 있습니다. 이번 코로나바이러스 소동을 일으키게 된 것은 순전히 자연계로부터의 엄청난 보복입니다. 이것이 중국인에게 가장 큰 교훈이 되어야 할 점이 아닐까요? 중국이 지난번 사스나 코로나바이러스의 발원지가 되었다는 것은 중국인이 21세기에도 야만적이고 문명의 정도가 낮다는 것을 전 세계에 스스로 증명한 셈입니다.

서양과 일본에 유린당한 역사와 코로나 소동의 공통점

김문학 역사학자로서 이번 코로나바이러스 소동을 통해 어떤 교훈을 후세에 남기고 싶습니까?

위안웨이스 아시다시피 중국의 근대사는 중국인에게 있어 '어두운 역사', '서양 열강에 당한 역사'입니다. 중국 교과서는 중국이 그렇게 다른 나라에 당한 이유를 서양 제국주의와 일본 군국주의 탓으로 돌리고 있습니다. 그런데 여기에는 중요한 것이 빠졌습니다. 바로 자성의 마음이 부족하다는 것입니다. 이것이야말로 중국인들의 악습 중 악습이죠. 절대로 사과하지 않고 반성이나 자기 비판도 하지 않는다는 것입니다.

'이사위감(以史爲鑑, 역사를 거울로 삼다)'을 외치면서 중국인들은 역사의 진상을 항상 왜곡하고 모두 것을 남의 탓으로 돌립니다. 뿐만 아니라 자신의 잘못은 뒤로 하고 다른 사람을 적대시하는 경향이 있습니다. 그러나 반성하지 않으니 진실이 보일 리 없지요.

그렇다면 중국이 근대 100년 역사에서 서양과 일본에 계속 유린당한 진짜 원인은 어디에 있을까요? 그것은 명백히 문명의 진화에 뒤처진 것에 기인합니다. 중국은 서양 근대 문명에서 멀리 뒤처져 있었던 것입니다.

그 이유를 요약하자면, ① 개인의 자유와 존엄성이 지속적으로 소홀히 취급되어 온 점 ② 자유로운 경제 활동 결여 ③ 언론과 사상의 자유 결여 ④ 사법 독립이 없고 황제가 절대적 신적 존재로 남아 있었던 점 ⑤ 논리성과 과학주의의 결여 등을 들 수 있습니다. 이상의 다섯 가지는 중국 사회에 역사적으로 스며 있는 뿌리 깊은 문제들입니다.

다음으로 근대 이후의 폐해로 다음의 두 가지를 들 수 있습니다.

① 서양 근대 문명을 꺼리고 변혁을 거부한 것 ② 혁명과 권력 투쟁으로 세월을 보내고 적절한 사회 제도 구축을 게을리한 것. 이번 코로나바이러스 사태가 서민들의 그로테스크한 식생활로부터 시작된 것은 사실입니다. 하지만 '인재 그 자체'라는 말에서도 알 수 있듯이 근본적인 원인은 중국 공산당 일당 독재 체제의 실책과 무능에서 비롯된 것입니다.

김문학 정곡을 찌르는 지적이군요. 그럼 시진핑 체제 자체의 병폐 근원은 어디에 있을까요?

목숨을 건 고발자들로부터 배워야 할 것

위안웨이스 서방 국가에서는 '코로나바이러스 사건은 중국형 독재가 낳은 병'이라고 간주하고 있습니다. 우한발 코로나바이러스의 세계적 확산 경위를 보면서 말할 수 있는 것은, 시진핑 국가 주석은 자신의 통치력 높이는 것을 최우선시하면서 전염병 확산 방지에 노력하는 것이 아니라 언론 통제와 정보 봉쇄 등에 주력하였는데 이것이야말로 여러 악의 근원이라는 것입니다.

앞서 말했듯이 2019년 12월 리원량 씨 등 우한의 의사들이 위챗을 통해 코로나바이러스 감염자를 확인했다고 경고한 바 있습니다. 그러나 시진핑 체제는 그 소중한 정보를 은폐하고 그들을 처벌해버렸습니다. 의사 리원량 씨는 그 후 코로나바이러스에 감염되어 사망하였습니다. 그의 죽음을 알게 된 국민들은 처음으로 시진핑 체제에 대한 분노의 목소리를 높였습니다.

천추스[陳秋實]라는 젊은 기자도 직접 우한에 들어가 스마트폰으로 현지 상황을 촬영하면서 과감하게 정보를 공개했지만 어느 순간 자취를 감췄습니다. 인터넷에는 천 씨가 경찰에 의해 강제 격리되었다는 소문이 나돌았습니다.

김문학 천추스 씨는 정부가 공표한 숫자보다 훨씬 많은 사망자가 화장장으로 보내졌다고 말한 것으로 아는데요.

위안웨이스 예, 그는 "나는 감염되거나 정부에 체포되는 것은 두렵지 않다"라고 말했습니다. 우한시에 거주하는 저명한 여성 작가 팡팡[方方] 씨도 봉쇄된 도시의 모습을 그린 '우한 일기'를 위챗 등을 통해 알리면서 현지 상황과 함께 중국 공산당 체제를 비판하였습니다.

김문학 시진핑 정권의 독재가 마오쩌둥류라고 지적하는 목소리도 많은데 교수님은 어떻게 생각하십니까?

위안웨이스 언론 통제나 애국 교육, 정보 은폐는 분명히 마오쩌둥 시대와 비슷하다고 생각합니다. 현재는 덩샤오핑, 장쩌민, 후진타오 시대보다 훨씬 더 관용과 자유가 없어졌습니다. 역사, 특히 근대사를 다룬 서적 한 권 출판하는 데도 정부가 엄격하게 검열을 하니까요.

김문학 그 이유는 무엇일까요?

위안웨이스 마오쩌둥이나 덩샤오핑 같은 정치적 능력이나 권력 기반 또는 자신감이 부족하다는 사실을 시진핑이 자각하기 때문일 것입니다. 그래서 더욱 강압적인 자세로 국민을 통제하려는 것입니다.

중국은 아직도 〈벌거벗은 임금님〉이나 조지 오웰의 디스토피아 소설 〈1984〉의 세계로 남아 있습니다. 그러나 나를 포함한 대다수 국민은, 이런 황당한 체제가 중국 대륙을 지배하면서 부조리로 가득 찬 상태를 유지하는 것을 거부하고 싶습니다. 하지만 그렇게 하지 못하고 있다는 것, 그게 중국의 가장 큰 슬픔이 아닐까요?

김문학 교수님은 지식인으로서 중국의 체제나 국민에게 무엇을 바라고 있습니까?

위안웨이스 저는 이제 88세의 초고령자입니다. 남은 생명은 그리 길지 않겠지만 중국 공산당에 의한 일당 독재 체제를 근본적으로 변혁하는 것이 저의 마지막 희망입니다. 그렇게 하기 위해서는 먼저 편협한 민족주의와 국가 관념에서 벗어나는 것이 필요하다 생각합니다. 중국 공산당의 그간의 잘못은 자본주의와 지식인을 함부로 적대시한 것인데 이는 실로 어리석은 행동입니다.

그래서 지금부터는 언론의 자유와 정보 공개를 철저히 추구해야 합니다. 나아가 지금까지 말한 그로테스크한 식습관을 비롯한 중국의 전근대적 습관과 사고 방식을 끊어내야 합니다. 그런 다음 중국의 체제 개혁을 위한 움직임을 전개하여야 합니다.

중화민국 시대의 사상가이자 학자로 전쟁 전에 노벨 문학상 후보에 오르기도 했던 후스[胡適]는 1919년에 이렇게 호소했습니다.

"문명은 추상적인 과정에서 완성되는 것이 아니라 구체적으로 하나하나 쌓아 완성하는 것이다. 진화가 그러하듯이."

우리는 지금 다양한 장르에서 제도 개혁을 추진해야 합니다. 그것이야말로 중국이 미래로 나아가는 길이 될 것입니다. 40년 개혁 개방의 역사적 경험에서 도출할 수 있는 금과옥조는 다음과 같습니다. ① 민주주의와 법치주의로 온건한 사회를 만든다. ② 자유는 인간의 존엄과 행복을 보장하는 토대가 된다. ③ 세계와 함께 할 수 있도록 노력한다.

가장 중요한 것은 백 마디 말보다 단 하나라도 실천에 옮기는 것입니다.

중국 공산당은 70여 년 동안 '위법', '불법'인 상태
법적 측면에서 예리하게 꿰뚫어 보는 일당 독재의 근본적 문제점

허웨이팡[賀衛方]

– 베이징대학 법학부 교수. 비판적 지식인 중 한 명
– 1960년 산둥성 출생. 1982년 시난정법학원[西南政法學院(현 西南政法大學)] 졸업
– 1985년 베이징정법학원[北京政法學院(현 中國政法大學)]에서 석사학위 취득
– 1995년부터 현직에 종사 중. 중국 공산당원이면서도 당과 법치, 언론의 자유에 관한 비판과 제언을 계속하고 있다.
– 주요 저서 : 〈외국법치사〉, 〈미국학자론〉, 〈중국법률전통〉, 〈법변여묵(法邊余墨)〉, 〈중국법률교육의 길〉 등

　　허웨이팡[賀衛方] 교수는 중국 공산당 일당 독재 체제에 대해 공공연히 이의를 제기하는 지식인의 상징으로, 아마도 현재 중국 정부가 가장 두려워하는 반체제 학자 중 한 명일 것이다. 그러면서도 꾸밈이 없는 허 교수는 산둥성 출신의 잘생긴 남자로 소탈한 성격의 소유자이다.

　　"김문학 씨, 저는 일본을 여러 번 방문한 진성 지일파입니다. 제가가 본 칸다 진보초[神田神保町]의 헌책방 거리는 세계 최고라 할 수

있지요. 역시나 일본인은 독서를 좋아하는 교양 높은 민족입니다. 동양 문화의 대가 나이토 코난[内藤湖南] 선생은 내가 동경해 마지않은 대 석학인데, 김문학 씨가 나이토 선생의 육필서를 소장하고 있는 것이 정말 부러워요! 나도 갖고 싶은데 말입니다. 하하하."

신사의 품격이 느껴지는 허웨이꽝 교수는 낙천가이며 잘 웃는 사람이었다. 2017년 8월, 타이베이에서 처음 만난 이후 2018년, 2019년, 2020년 2월에 이르기까지 위챗과 전화로 여러 차례 허웨이꽝 교수와 대담을 해 오면서 글과 헌책을 좋아하여 어느새 우리는 친구가 되었다. 나보다 두 살 위인 같은 세대의 허 교수와 나는 가치관이나 사상적으로 가까운 측면이 있다. 그래서 그는 무엇이든 허심탄회하게 나에게 말해 주었다.

허 교수는 다음과 같이 말한다.

"저는 죽어도 독재주의에 영합하지 않습니다. 체제 내에 있으면서 법치와 자유를 위해 제 노력으로 이 체제를 바꿀 수만 있다면 그 이상의 행복은 없을 것입니다. 그래서 저는 미국을 비롯한 외국으로 망명하지 않고 이 처참한 현장에서 전체주의를 대항하여 이의를 제기하고 목소리를 내는 것입니다."

현대와 같은 영웅이 없는 시대에, 과감하게 체제에 대한 자신의 의견을 쏟아내는 지식인. 그는 이런 사명을 스스로 짊어진 몇 안 되는 양심적인 지식 엘리트이다.

새가 하늘을 나는 것을 금지하고, 사람이 땅 위를 걷는 것도 금지한다

김문학 2019년 9월 27일, 중국 당국은 허 교수님의 위챗 공식 계정을 중지시켰습니다. 설마 하고 저는 깜짝 놀랐습니다만 그 다음 10월 1일 중화인민공화국 건국 70년을 전후해 언론 탄압과 통제가 한층 엄격하게 되었지요. 지금까지 셀 수 없을 정도로 교수님의 블로그와 웨이보, SNS 등이 봉쇄되었는데 허 교수님의 용기 있는 말이 당국에 눈엣가시처럼 여겨진 것이어서일까요?

허웨이팡 그야말로 '또 시작되었군'이라는 느낌입니다. 동결 이유는 무려 악질적 유언비어 등을 유포하는 위법적 내용 같은 것이었습니다. 아시다시피 제가 발신하는 것은 항상 진실뿐입니다. 유언비어 같은 건 퍼뜨린 적이 없습니다.

예전부터 수차례에 걸쳐 제가 어떤 글이나 코멘트를 발표할 때마다 내용이 위법하다는 이유로 계정이 정지되었습니다. 그것은 물론 내용과는 상관없이 제 발언 자체를 봉쇄하는 것이 그 목적입니다. 처음에는 매우 초조해서 반론도 제기했지만 이제는 익숙해졌습니다. 위챗을 관리하는 회사 텐센트 자체가 시진핑 체제의 사실상의 비밀 경찰 같은 '괴물'이니까요.

김문학 일종의 나치 게슈타포와 같은 기관이라는 말씀이지요?

허웨이팡 그렇게 말하는 것도 과언이 아니지요. 저는 2017년 5월에

비슷한 언론 봉쇄가 있었을 때도 모멘트(자신의 사진이나 글을 동료들과 공유할 수 있는 위챗 기능)에 이런 글을 쓴 적이 있습니다.

"설령 전 세계의 닭을 모두 죽여도 새벽은 막을 수 없다. 왜냐하면 태양은 또 다시 떠오르고 하늘은 또 다시 빛으로 밝게 될 테니까."

다만 저는 이번 당국의 처사에 크게 낙담하였습니다. 더 이상 아무 말도 할 수 없게 반영구적으로 언론 봉쇄를 당했기 때문에 캄캄한 터널 속을 헤매는 느낌입니다. 현재는 정치적 발언은 말할 것도 없고 일반 학술지 등에 논문도 발표할 수 없게 되었습니다.

조작된 근거로 탄압하는 암흑 시대의 도래

김문학 허 교수의 동생, 허웨이싱[賀維彤] 씨도 당국에 구속되었다는 뉴스를 인터넷에서 보았습니다. 왜 동생까지 구속하여야 했을까요?

허웨이팡 구속 이유는 위챗에서 테러리스트적인 과격한 내용을 유포한 것으로 알려져 있습니다. 동생은 과격한 발언을 한 적은 있어도 테러리스트는 아닙니다. 2019년 9월 12일 위챗의 모멘트에 ISIS(이슬람국가)가 일반 시민을 참살하는 영상을 공유하였을 뿐입니다. 그는 출판인이자 편집자이고 북커버 디자이너로서 테러리즘을 미워하는 사람이며 그런 죄목의 죄를 저지른 적이 없습니다.

김문학 중국 당국이 언론을 이렇게까지 엄격하게 규제하는 것은 도대체 무엇을 두려워하기 때문이라고 생각하십니까?

허웨이팡 아마도 제 이름 세 글자 자체가, 시진핑 당국에는 일종의 두려움의 상징일 지도 모르겠습니다. 당국은 우리와 같은 발언을 하는 비판적 지식인이 모두 '무렌[木人]', 즉 아무 말도 못하고 웃을 수도 없고 움직일 수도 없는 나무 인형이 되기를 바라는 거죠.

베이징은 '천상금조 지상금행(天上禁鳥 地上禁行, 새가 하늘을 나는 것을 금지하고 사람이 땅 위를 걷는 것도 금지한다)'라는 삼엄한 경비 상태에 놓여 있습니다. 인터넷이나 스마트폰에 대한 언론 통제는 그 어느 때보다 엄격합니다.

김문학 악질적인 유언비어를 유포했다는 것에 대해 당국은 어떤 구체적인 증거나 근거를 제시하고 있나요?

허웨이팡 아니요. 애당초 어떤 기준으로 언론 통제를 하는지 전혀 알 수 없습니다. 시진핑 체제가 출범한 이후 수년 간 위챗을 동결당한 중국 본토 거주자는 점점 늘고 있지만 그 이유조차 모르는 사람도 많은 것이 현실입니다.

위챗 계정 폐쇄에는 두 종류가 있습니다. 하나는 잠정적인 것으로 하루나 며칠 지나면 부활하는 것이고 또 하나는 반영구적인 봉쇄입니다. 후자는 계정의 완전한 폐쇄를 의미합니다. 앞으로 두 번 다시는 사용할 수 없다는 거죠. 제가 당한 것도 그런 완전한 폐쇄이고요. 계정 동결에 대해 이의를 제기할 수 있다는 표시도 있지만 그 절차대로 아무리 이의 제기를 해도 돌아오는 답변은 없습니다.

'악질적인 유언비어'에는 어떤 것이 해당되는지, 또 '악질'의 기준은 무엇인지에 대해 당국은 일절 답을 내놓지 않습니다. 그래서 이참에 한 말씀 드리자면, 이른바 악질적 유언비어라는 것은 중국 공산당 정부를 비판하거나 그들과는 다른 의견을 말하거나 시진핑 체제가 적극적으로 은폐하려는 사회의 진상을 폭로하는 것입니다. 그런 언론과 정보에 대해 악질적 유언비어라고 말하는 것은 두말할 필요도 없이 날조에 불과한 것으로, 언론의 자유에 대한 불법적인 유린입니다. 이러한 그들의 조작이야말로 오히려 '악질적 유언비어'가 아닐까요?

김문학 중국 지식인들은 그야말로 '만마제음(萬馬齊瘖, 모든 소리를 죽이는 상태)'의 시대로 접어든 것이네요.

허웨이팡 그렇습니다. 저뿐만이 아닙니다. 주변의 자유주의 지식인 모두 당하고 있는 것이 지금의 현실입니다. 예를 들면 칭화대 역사학부 교수로 사상가인 친후이[秦暉] 교수는 압력을 견디지 못하고 홍콩의 대학으로 이직하였으며, 중국런민대학의 장밍[張鳴] 교수(일곱 번째 이유 참조)는 정년을 앞당겨 퇴직하였고, 제 동료인 장첸판[張千帆], 쉬장룬[許章潤] 같은 교수들도 위챗 계정을 봉쇄당하거나 언론의 탄압을 받고 있습니다. 또 칭화대학교 궈위화[郭于華] 교수(네 번째 이유 참조)나 중국사회과학원의 위젠룽[于建嶸] 교수도 자주 계정이 취소되곤 합니다.

우리는 조금이라도 발언하면 바로 계정이 정지되거나 공안(경찰)

에 불려가는 것이 현실입니다. 마찬가지로 제 동료인 샤예량[夏業良] 교수는 당의 말을 듣지 않는다는 이유로 공직에서 추방되었습니다.

김문학 저번에 귀위화 교수에게 위챗을 통해 질문하려고 하였는데 귀 교수의 계정이 존재하지 않는다는 것을 나타내는 빨간색 놀람 마크 가 표시되어 있었습니다.

허웨이팡 누군가를 봉쇄하거나 언론 공간을 좁히는 등 지금 중국은 그야말로 마오쩌둥 사후 중국 대륙 지식인들에게 가장 어두운 암흑 시대가 된 것입니다. 그러나 그렇다고 침묵하는 것은 온당치 않지요. 저는 지난 몇 년 동안 언론에 발표할 기회는 거의 없었지만 그렇더라 도 제 의견을 계속 밝혀 나가려고 합니다.

'폐언'에서 비롯된 코로나19에 의한 '폐렴'

김문학 지금 신종 폐렴인 코로나바이러스에 의한 전염병이 맹위를 떨 치며 전 세계를 위기에 빠뜨리고 있습니다. 그런 가운데 허 교수님이 2월 17일에 육필로 쓴 폐렴 대책에 관한 글이 인터넷에서 널리 화제 가 되고 있더군요.

허웨이팡 보셨나요? 감사합니다. 이번 코로나 폐렴으로 순식간에 많 은 우한시민과 중국인이 목숨을 잃었습니다. 게다가 코로나바이러스 는 비행기와 크루즈 여객선으로 옮겨져 전 세계 구석구석까지 확산되고 있습니다. 각국에서는 대응에 쫓겨 출입국 금지 조치를 취하는 등 마치 옛날의 쇄국 시대로 되돌아간 듯한 느낌입니다.

김문학 이렇게까지 확산되는 것을 중국 당국이 왜 막지 못했는지, 그 이유는 어디에 있다고 생각하십니까?

허웨이팡 이 정도의 세계적 대 참사를 초래한 원인은 여전히 수수께끼에 싸여 있습니다. 바이러스가 어디서 왔는지도 확실하지 않습니다. 하지만 2019년 12월 초, 첫 확진자가 발견된 이후 2020년 1월 20일 정보 공개에 이르기까지의 두 달 가까이 우한시민들은 바이러스 발생 사실조차 전혀 모르고 이동하거나 먹고 마시며 생활하고 있었습니다.

공산당 언론사들이 좋은 소식만 보내는 표면적인 평온 상태 하에서 치명적인 바이러스가 모든 사람의 집에 숨어 들어간 것입니다. 사실 2월 15일자 중국 공산당 기관지 〈치우스[求是]〉에 실린 2월 3일자 당 중앙정치국 상무회 담화에서 시진핑이 폐렴 억제에 대해 거듭 지시를 내렸다는 것을 강조하고 있습니다.

그러나 그 안에 적힌 1월 7일 시진핑의 지시에 대해 중국 공산당계 언론은 '유중불발(留中不發, 당분간 발표하지 않음)'이라는 조치를 취한 것으로 보입니다. 그렇게 했으니 국민들이 폐렴의 진상을 알 수 있었겠습니까? 시진핑의 담화 중에는 공개할 수 없는 내용도 있었던 것은 아닐까 합니다.

한마디로 이번 팬데믹의 근원적 이유는 역시 언론 자유의 결여에 있습니다. 미국이나 일본 같은 자유주의 국가라면, TV나 신문 같은 언론이 폐렴의 원인에 관하여 자유롭게 보도하였겠지요. 당연히 정부의 지시 및 허가를 기다릴 필요도 없었을 것이고요.

어쨌든 진상 또는 진실을 말할 수 있는 언론의 자유, 보도의 자유가 중국에는 완전히 결여되어 있기 때문에 이런 처참하기 짝이 없는 비극이 초래된 것입니다. 그래서 제가 보기에는 이번 '폐렴(肺炎)'은 어떠한 말도 못하게 한 중국 공산당 체제의 '폐언(廢言)'이 원인인 '인재'입니다.

김문학 그렇군요. 폐렴은 중국어 발음이 같은 '폐언'에 원인이 있다는 이야기가 재미있네요. 허 교수님은 1960년생으로 저와 거의 같은 세대인데 왜 법학을 전공하였나요?

허웨이팡 실은 법학을 특별히 좋아하지 않았습니다. 저는 김문학 씨처럼 문학을 좋아해서 수능 때 인문학부나 역사학부를 희망하였는데, 도착한 입학허가서를 보니 시난정법학원(현 시난정법대학) 법학부라고 적혀 있더라고요. 알고 보니 충칭에 있는 이 대학이, 제 고향인 산둥성에서 77명을 모집했는데 한 명이 부족해서 마음대로 저를 선택했다고 합니다. 가만히 생각해 보면 운명의 장난이라 할 수 있을 것 같습니다.

김문학 그 일로 나중에 중국을 뒤흔들 기백이 날카로운 법학자가 탄생했군요.

허웨이팡 김문학 씨도 알다시피 제가 대학에 진학하였던 1978년 당시, 중국의 법학은 문학이나 역사, 철학과는 달리 학문적으로 그다지 성숙하지 않았습니다. 이념적인 색채가 매우 강했지요. 다만 지식욕과 이상주의에 불타던 청년 시절의 저는 중국보다는 서양법학, 특히 외국 법제사(法制史)에 관심을 갖게 되면서 법률사와 관련된 사회사, 종교사와 철학사 등에도 손을 뻗었습니다. 그 후 1982년에 베이징정법학원 대학원 외국법제사 전공 석사과정에 입학하게 되었고 수료 후에는 그 대학의 교수가 되었습니다.

저는 전공 분야를 좋아하지만 법률을 학술적으로 연구하는 것에 대한 사회적 가치에 의구심도 있었습니다. 그래서 법학 연구를 하면서 인문학 작품을 널리 섭렵하였는데, 예를 들면 고전문학에서 새로운 지식을 얻기도 했습니다. 이러면서 절실하게 느꼈던 것은 서재 안에서 얻는 지식과 사회적 지식 사이에 큰 갭이 있다는 것이었습니다. 그래서 이 갭을 메우기 위해 연구 활동과 사회적 활동을 병행하기로 한 것입니다.

이렇게 법학 연구를 진행하면서 1990년대부터 서양법률의 규범이 나의 사고나 가치관의 중심이 되었습니다. 그러자 진정한 법치 사회는 무엇인지, 왜 사법의 독립이 필요한가 하는 관점에서 중국이 직면한 문제에 대해 생각하게 되었습니다.

중국 공산당이 위법인 진짜 이유

김문학 그렇군요. 특히 교수님이 주목을 받은 것이 2006년 봄 베이징에서 열린 정부 회의에서 '중국 공산당은 위법적인 존재'라고 주장한 것입니다. 중국 정계와 학계를 뒤흔든 사건이었다고 생각합니다만.

허웨이팡 예, 내부 좌담회에서 일어난 사건이었지요. 2006년 3월 4일 국무원의 싱크 탱크인 중국경제체제개혁연구회(체개회) 고위 관계자가, 국내 개혁파 학자 40명을 소집하여 중국 개혁을 주제로 논의하였습니다. 회장인 경제학자 카오샹촨[高尚全] 씨가 "자유롭게 속마음을 말해도 된다"라고 참석자들을 독려하였기에 저는 평소에 생각했던 문제점을 솔직하게 발언했습니다. 구체적으로는 중국 공산당이라는 통치 체제 자체가 헌법 위반 행위를 반복하고 있다며 다음과 같이 말한 것입니다.

"중국 공산당 선전부, 공산당 청년단 중앙선전부, 중국 공산당은 공식적으로 단체 등록을 하지 않았습니다. 민주 국가에서 가장 기본적인 것은 이러한 조직이나 단체는 법적 자격을 갖춰야 한다는 것입니다. 이러한 조건을 충족한 후에 법적으로 권리와 의무가 발생하게 되는 것입니다. 그러나 유감스럽게도 중국 공산당은 그런 권리도 자격도 가지고 있지 않습니다. 저는 중국 공산당에 가입한 지 20여 년이 되었는데 아직도 당이 공식적으로 단체 등록을 하지 않았다는 것은 큰 문제라 생각합니다. 도대체 이 조직이 행사할 수 있는 권력은 무엇으로 담보되어 있는 것일까요? 이것은 명백히 위법적인 권력입니다. 중국 공산당의 현 상황은 엄중하기 짝이 없는 위법 상태라는 것입니다."

김문학 법적인 관점에서 중국 공산당이라는 존재의 위법성과 위헌성을 지적한 지식인은 지금까지 없었던 것으로 알고 있습니다. 그와 동시에 교수님은 '다당제'도 호소하셨죠?

허웨이팡 예, 그렇습니다. 저는 이렇게 말했습니다.

"우리 중국은 지금 어디로 가고 있는지는 확실하지 않습니다. 하지만 목표는 있습니다. 다당제, 언론과 보도의 자유, 진정한 민주주의, 진정한 개인의 자유를 실현해야 한다는 것입니다. 국가의 권리는 모든 개인의 자유를 보장한 후에 성립하는 것입니다. 지금 이런 말은 대놓고 할 수 없지만 앞으로는 반드시 이 길로 가지 않으면 안 되는 것입니다.

분명하게 말하자면, 공산당은 두 파벌로 나뉘는 게 좋을 것입니다. 인민해방군도 당의 군이 아니라 국민을 위한 국군이 되어야 합니다. 또한 법률적으로는 아무런 지위가 없음에도 불구하고 언론을 제멋대로 조종하는 조직이 존재하고 있습니다. 이런 체제에 대해 도대체 무엇이라 말할 수 있을까요? 존재 자체가 헌법에 위배되는, 그야말로 자승자박이라 할 수 있을 것입니다."

김문학 확실히 사형에 처해질 수도 있는 대담한 발언을 하셨군요. 그래서 인터넷에서는 "허웨이팡의 최종 목표는 공산당을 소멸시키는 것이다. 그게 당장 안 된다면, 당을 둘로 분열시키고 보도의 자유 등을 추진한다는 것이다. 실질적으로는 자본주의 사회를 전면적으로 실현시키고자 하는 것이다"라는 좌파(보수파)의 맹렬한 비판이 있었지요.

그러나 다른 한편, 교수님의 의견은 개혁파, 자유주의 지식인으로부터 강한 지지를 받았습니다. 교수님이 제기한 다당제, 언론 자유 같은 이상은 많은 중국인이 마음속으로 원하지만 입 밖에 감히 내뱉지 못하는 말이라고 하면서요.

허웨이팡 맞아요. 당시 제 의견에 대해 찬반 양론이 있었어요. 중국과 같은 체제 하에서 태어나고 자란 사람에게는 반대하는 것이 당연할 것입니다. 특히 마오쩌둥의 영향이나 중국 공산당의 선전을 믿고 자란 사람에게 제가 적이나 반역자로 비치는 것도 당연했을 것입니다. 다만 실제로 인터넷을 보면, 중국 시민들은 위안화 지폐에 '천멸 중국 공산당'이라는 글자가 새겨진 화면을 올리거나 중국 공산당의 독재에 대한 분노를 표명하기도 합니다.

또 중국정법대학 리수광[李曙光] 교수에 따르면, 중국에서는 지금까지 3,000만 건 이상의 국가의 불법, 부당함에 대한 문제 제기가 있었다고 합니다. 마오쩌둥의 유산은 경제적 빈곤과 독재 체제로 귀결됩니다. 중국 공산당은 일당 독재를 계속 견지하기 때문에 국민의 불만은 상당히 많이 누적되고 있다는 것입니다.

시진핑 체제는 법치와 자유의 '무덤'

김문학 교수님은 또한 중국 법률에 대해서도 문제를 제기하셨지요?

허웨이팡 중국의 법치는 1840년 아편전쟁 이후, 청나라 말기인 1902년에 이루어진 개혁을 제외하고는 전혀 진화하지 않았습니다. 사실 청조와 현재의 중국 공산당 체제는 매우 유사하여 정치 체제나 헌법 개혁을 보류한 채 독재 정치로 모든 문제를 해결하려고 합니다.

그러나 이래서는 중국은 세계의 존경을 받는 나라가 될 수 없습니다. 그렇게 되기 위한 열쇠는 역시 법치 사회로 변모하는 것입니다. 제가 제기한 7대 문제는 다음과 같습니다.

① 중국의 권력 구조 자체가 위헌이라는 것. 예를 들면 당과 의회와의 관계, 당과 사법과의 관계, 당과 정부와의 관계 각각이 애매한 상태로 남아 있는데 이것을 더 이상 방치해서는 안된다는 것입니다.

② 전국인민대표대회(전인대)가 의회로서의 모습을 갖추지 못한 것. 전인대는 매년 한 번 열리는 세계 최대의 파티에 불과합니다. 성이나 자치구 등의 대표가 대회에 참가해도 그곳에서는 무엇 하나 정치적인 결정이 내려지지 않습니다.

③ 헌법 제35조에 규정된 정치적 권리가 전혀 실현되지 않는 것. 결사의 자유와 시위의 자유, 종교의 자유 등은 물론 기본적 인권조차 없습니다.

④ 독립된 사법 체계가 존재하지 않는 것. 중국처럼 최고인민법원

(최고재판소) 재판관이 경찰 수장에게 업무 상황을 보고하는 일은 세계적으로 있을 수 없는 일입니다. 더욱이 최근에는 사법부에 대한 당의 간섭이 더욱 거세지고 있는데 이는 큰 문제입니다.

⑤ 당의 지시가 법률보다 강한 것. 예를 들면 최고인민법원과 관련하여 민가의 퇴거에 관한 소송은 법정에서는 일절 수리하지 않는다고 합니다. 중국 법원은 자신의 일조차 하려 하지 않는다는 것입니다.

⑥ 농촌의 토지 문제. 앞으로는 토지 공유제를 사유제로 변경해야 합니다. 그렇지 않으면 농민은 지금보다 더 큰 손해를 입게 됩니다.

⑦ 무역과 안전 보장 문제의 해결. 이것도 사법의 독립 문제와 밀접하게 관련되어 있는 바, 법률을 명확히 하여 중국의 대외적인 여러 문제의 해결하여야 합니다.

김문학 말씀하신 일곱 가지 문제의 해결이 중국에 있어서 확실히 급선무라고 생각됩니다. 다만 실현 가능성이 있을까요?

허웨이팡 현재 시진핑 체제가 되고 나서는 문제 해결은커녕 더욱 더 독재를 강화하고 있습니다. 이러한 독재 체제가 계속되는 한 무리가 아닐까요?

김문학 국제 사회에서는 시진핑이 '제2의 마오쩌둥'이라는 혹평을 받고 있는데 교수님의 눈에 시진핑은 어떤 인물로 보이나요?

허웨이팡 시진핑은 2018년 헌법을 개정한 이후, 공공연히 마오쩌둥과 같은 절대적 권력을 가진 전능한 통치자를 목표로 하고 있습니다. 그의 가장 큰 목적은 뭐니 뭐니해도 중국 공산당 통치 체제를 유지하는 것입니다. 수많은 마오쩌둥식 지배 수단을 통해 법률과 헌법을 무시하면서까지 자신을 절대적 존재로 추켜세우고 있습니다. 마치 사람들이 모두 입을 다물고 아무 말도 못하던 '문혁시대'를 방불케 하는 탄압 체제를 형성하고 있는 것입니다.

김문학 장쩌민[江澤民]과 후진타오[胡錦濤] 시대는 비교적 유연한 지배였지요.

허웨이팡 조금 전, 제가 말한 내부 좌담회에서 대담한 제안과 비판을 한 시기는, '후원 신정[胡溫新政]'이라 불렸던 후진타오 국가 주석과 원자바오 수상의 정권일 때였습니다. 역시 덩샤오핑의 1980년대 이래, 나름대로 자유가 있었던 시대라고 평가할 수 있습니다. 하지만 시진핑 정권이 발족될 처음에는 기대가 컸지만 지금에 와서는 실망하지 않을 수 없게 되었지요.

김문학 일본에서도 시진핑은 애초에 최고 지도자에게 필요한 능력이 없다고들 합니다.

허웨이팡 지금은 문화대혁명조차 반성하고 있는 21세기인데도 마오쩌둥과 같은 극단적인 독재 정치를 행하려는 시진핑의 행동을 보면, 그의 재능이나 수준이 어느 정도인지는 말하지 않아도 알 수 있을 것입니다.

김문학 왜 중국은 마오쩌둥식 지배의 잘못을 반복하는 걸까요?

허웨이팡 일본의 총리 요시다 시게루[吉田茂]는 '격동의 백년사'에서 다음과 같은 지적을 한 적이 있습니다. 과거 중국에서는 매우 위대하고 주위에서도 존경받는 문명이 생겨났지만, 그들은 세계의 합리적인 발전을 따라가지 못하고 낡은 체제 속에서 빙글빙글 돌고 있다고요.

　시진핑 체제와 같은 제2의 '마오쩌둥 시대'가 태어난 것은 바로 요시다 시게루가 갈파한 이유에서 잘 나타나고 있습니다. 일당 독재, 개인 숭배, 언론 탄압 같은 잘못을 여러 차례 계속하고 있는 것은, 중국 민족에게는 매우 큰 비애라고밖에 말할 수 없습니다. 시진핑 체제는 법치와 자유에 대한 '무덤'입니다. 그래서 저는 일당 독재, 개인 숭배의 지배 체제는 조속히 접어야 한다고 생각합니다.

'중국몽'과 반부패라는 거짓 간판

김문학 시진핑이 제창한 '중국몽'은, 외국에서는 '미국몽(아메리칸 드림)'의 모조품라고도 하는데 교수님은 '중국몽'에 대해 어떻게 생각하십니까?

허웨이팡 아메리칸 드림의 모조품인지는 모르겠지만 문제의 핵심은 '중국몽'의 내용이 너무 민족 중흥과 대국으로의 부활에 치우쳐 있다는 것입니다. 경제에만 치중하고 있지 정작 중요한 '꿈'이 갖는 가치관, 혹은 국민을 위한 사회적 목표는 무엇인가 하는 점에 대해서는 언급이 없습니다. 그래서 이웃 나라에도 일종의 '위협'으로 비치는 것이고요.

근대 국가로서 가장 중요한 목표는 어떻게 국민 개개인이 존엄과 자부심을 갖고 그 창의력을 자유롭게 발휘하게 할 것인가입니다. 당연히 개인의 자유와 권리는 제대로 보장되고 정부의 권력은 합당한 제한을 받아야 합니다. 그리고 사법의 독립과 공정을 실현하고 국민은 자기 자신의 권리를 지켜주는 국가에 충성심을 갖도록 하는 것이 중요한 과제이자 목표가 되어야 합니다. 일본이나 미국 등 선진국이 그 모델입니다. 이런 구체적 계획을 달성하기 위한 노력을 게을리 한다면 그 '꿈'은 자는 동안 꾸는 단순한 '꿈'으로 끝날지도 모릅니다.

김문학 맞는 말씀입니다.

허웨이팡 중국의 전제 정권 하에서는 정권 유지를 위해 겉으로 '큰 꿈'을 내세우는 관습이 있습니다. 덩샤오핑→장쩌민→후진타오 등 정권이 바뀔 때마다 나오는 이념과 구호는 각각 완전히 다르고 사회 상황에 맞지 않는 내용들입니다. 일본 같은 나라는 제2차 세계대전 후 '꿈' 등으로 얼버무리지 않고 꾸준히 국민의 생활과 개인의 자유, 행복을 위해, 국가가 구체적 사안을 제시하였습니다. 자유주의 국가에는 화려한 간판 따위는 애초에 필요 없으니까.

김문학 중국에서는 시진핑 정권의 공적으로 반부패가 높이 평가받고 있습니다. 그리고 실제로 중국 대학의 학자와 지식인 중에는, 시진핑의 반부패 성과를 인정하는 사람이 적지 않은 것으로 알고 있습니다.

허웨이팡 그와 관련하여 한번 다른 나라와 비교해 보겠습니다. 중국에는 왜 이토록 부패한 정치인과 관료가 많은가? 반대로 일본 같은 선진 민주 국가에는 왜 부패가 적을까? 중국에는 애초에 관의 부패를 막을 구조가 만들어져 있지 않기 때문입니다. 인민들이 부패한 관료들을 보고 분노하면 정부는 그런 사람들을 붙잡아 구경거리로 삼으면서, "보십시오. 우리가 이놈들, 부패한 관료들을 말살했어요!"라고 말하고, 사람들은 "잘했어!"라고 환영해요. 하지만 잘 생각해 봅시다. 애초에 제도나 단속이 제대로 작동했다면 이렇게 많은 부패 관료가 생겼을까요?

미국이나 일본에도 관료, 정치인은 많이 있습니다. 그런데 부패나 부정으로 사형당한 사람이 있다는 말을 들어본 적이 없습니다. 그 이유는 당연하게도 애초에 뇌물을 받거나 부정이나 부패가 허용되는 시스템이 아니기 때문입니다.

김문학 맞는 말씀입니다.

허웨이팡 그러한 민주 국가의 정치 제도에는 다음의 세 가지 요소가 있기 때문에 부정부패를 미연에 방지할 수 있는 것입니다.

① 의회 제도. 정치인이나 관료의 기능이 항상 가시적으로 작동되고, 부정이나 위법 행위를 하면 규칙에 따라 탄핵될 수 있습니다.

② 독립된 사법 제도. 정치인과 관료와 사법부가 대등한 입장이기 때문에 부정 행위에 대한 큰 억지력을 지닙니다.

③ 보도의 자유. 언론이 자유롭게 움직이고 보도할 수 있기 때문에 정치인들이 부정이나 위법 행위를 하기 힘듭니다.

확실히 돈이나 성 접대 등은 인간의 욕망을 충족시키는 것이고, 인간이란 욕망에 약한 존재이기 때문에 개인적으로 100% 막을 방법은 없습니다. 그렇기 때문에 필요한 것은 의회, 사법, 언론이라는 강력한 감독 감시 시스템입니다.

김문학 그럼 시진핑 체제의 반부패는 가짜일까요?

허웨이팡 시진핑은 정말로 정부나 당내의 모든 사람을 반부패 투쟁의 대상으로 삼고 있는 것처럼 보이게 했고, 실제로 가차 없이 많은 거물을 본보기로 삼아 처단하였습니다. 그러나 시진핑 본인의 지인이나 브레인은 한 명도 그 대상이 되지 않았습니다. 그래서 정치적 위상이 높은 자신의 라이벌만을 표적으로 삼은 것이 반부패의 진정한 목적이라는 것이 세상에 알려지기 시작했습니다.

실제로 중국인은, 관의 부패에 대해 이미 무감각해진 데다 그들에게는 당연하게도 관료나 정치가를 감독할 자격이나 권력도 없습니다. 체포하기 전에는 우수하고 인민의 영웅인 것처럼 떠들다가 체포된 뒤에는 "아, 사실은 부패한 악당이었구나!"가 되어버리는 것이지요. 대중은 처음에는 반부패 투쟁에 쾌재를 불렀습니다.

하지만 그러는 사이 사람들은 "이렇게 부패한 관리가 있다는 것을 보니, 혹시나 중국 관료들은 모두 부패한 것이 아닐까?"라고 의심하기에 이르렀고, 이윽고 반부패는 대중의 실망을 초래하는 결과를 가져 왔습니다. 지금은 반부패는 정치 개혁이 아니라 일종의 쇼라고 생각들 하고 있습니다. 만약 본격적으로 반부패를 실시하였다면 믿을 수 없을 정도의 관료가 사형되었을 테니까요.

2,000년 전부터 잘못되어온 중국의 법치

김문학 중국의 법치는 21세기가 되어도 달성되지 않았습니다. 저는 뭔가 전통적인 요인이 있는 것이 아닐까 생각합니다만, 교수님은 어떻게 생각하십니까?

허웨이팡 2,000여 년 전, 고대 중국에는 전국을 군으로 나누고 그 아래에 현을 두는 '군현제'라는 통치 양식이 도입되었습니다. 그 결과 중국인들은 국가에 대한 진정한 충성심을 기를 기회를 놓친 것이 아닐까 생각합니다. 충군 사상을 소리 높여 호소한 적도 없었던 데다 늘 군주를 무너뜨리는 것을 2,000년 이상 반복해온 나라는 중국 이외에는 없습니다. 현재 일본인은 한 번도 천황을 쓰러뜨리려고 하지 않은 것으로 알고 있습니다. 한 나라의 황제가 항상 타도될 수 있다는 것은 매우 비극적인 일입니다.

또한 지방 자치도 중요한 문제입니다. 일본에는 에도시대에는 번이 있었고, 근대화할 때에도 지방 자치를 착실히 실현하려고 노력해 왔습니다. 물론 중앙 집권화와 병행해서 말입니다. 이에 반해 중국 대륙에는 원래 지방 자치라는 것이 없었습니다. 중국의 주나 현의 관료는, 자신이 통치하는 땅의 사람들과 주종 관계에 있었던 것은 아닙니다. 지방 관료들은 오로지 자신의 상사와 나라밖에는 다른 관계가 없었습니다.

사농공상에 대해서 언급하자면, 중국의 사농공상은 세습적으로 계승하는 직업이 아니라 항상 유동적입니다. 누구나 관료가 될 수 있는 '과거' 시험은 확실히 사회 유동성에 큰 역할을 했습니다. 한편 일본의 사농공상은 비유동적입니다. 그 결과 일본에는 훌륭한 상업 전통이 생겨났습니다. 계급이 거의 변하지 않으므로 각각의 계급 간에 대항과 타협의 균형이 잡혀 있었기 때문입니다.

반면 중국 사회에는 확고한 계급이 없기 때문에 국가의 정상, 즉 당시의 정권과 협력 관계에 있지 않았습니다. 그래서 결국 무슨 문제가 생기면 황제를 쓰러뜨린다는 것이었습니다. 사실 이것이야말로 큰 문제였습니다. 이로 인해 중국에는 끝내 법치 질서가 생기지 않았습니다. 2,000년 전의 사회 시스템에서 이미 방향을 잘못 잡은 것입니다. 현재의 여러 폐해는 과거 2,000년 간의 잘못된 역사와 매우 밀접한 관계가 있다고 할 수 있습니다.

김문학 재미있는 견해이군요. 그럼 교수님은 중국의 법치나 사법 개혁은 어떻게 하면 실현될 수 있다고 생각하십니까?

허웨이팡 200년 가까운 근대 중국이 걸어온 길을 되돌아보면 알 수 있듯이 공정한 사법 제도를 확립하는 것은 엄청난 난제입니다. 물론 이념과 정치 체제 개혁이 중요한 것은 말할 것도 없고요. 아울러 재판 제도와 검찰 제도에 대한 조직적이고 법적인 개혁도 법치 질서를 확립하는 하나의 돌파구가 아닐까 생각합니다.

김문학 그렇군요. 마지막으로 교수님은 자기 자신을 어떤 인물이라고 생각하고 있습니까? 중국의 이른바 인터넷 좌파, 일본에서 말하는 인터넷 우파는 '허웨이팡은 대륙 최대의 매국노이고 반중국적 인물'이라고 매도하고 있습니다만.

허웨이팡 그렇게 높이 평가받아서 영광입니다! 저는 저 자신을 체제 내에 있으면서 체제를 비판하는 반체제 지식인이 아닐까 생각합니다. 개혁파 지식인들은 공산당을 탈당하거나 외국으로 이주하지만 저는 외국에서 비판하는 것이 아니라 제 신념을 가지고 중국 공산당 체제 안에 있으면서 발언하고 비판해나가고 싶습니다. 왜냐하면 먼 외국에서 외치는 것보다 중국 내에 있으면서 발언하는 것이 훨씬 효과적이라 생각하기 때문입니다.

그런 의미에서 저는 몇 번 투옥되더라도 국내에 계속 머물러 민주화, 인권 운동을 이끌며 2010년 노벨 평화상을 수상한 존경하는 류샤오보[劉曉波] 씨처럼 앞으로도 사법과 정치 등을 갉아먹는 중국병의 원인에 맞서 싸우겠습니다. 안타깝게도 류샤오보 씨는 2017년에 국내에서 의문의 죽음을 맞이했습니다. 하지만 저는 어제도 그랬고 오늘도, 내일도 독재를 위한 찬가를 부르는 일은 절대 하지 않을 것입니다. 그리고 체제 내에 있으면서 체제에 대해 비판하면서도, 비판뿐만 아니라 건설적인 의견도 내고 싶습니다.

세 번째 이유

중국 공산당은 사회주의 옷을 입은 나치
미국에서 조국 중국을 냉정하게 지켜보고 있는 사회학자의 경고

저우샤오정[周孝正]

- 전 중국런민대학[中國人民大學] 사회학부 교수로 정치, 경제, 사회의 세 가지 측면에서 중국 사회의 문제를 분석하는 동시에, 거침없이 공산당을 비판하는 것으로 잘 알려져 있다.
- 1947년 베이징 출생
- 1966년 인민해방군 선양군구[瀋陽軍區]의 생산건설병단에 입대
- 1977년 베이징사범학원[北京師範學院](현 서우두사범대학[首都師範大學]) 물리학부 입학
- 1981년 졸업 후, 1988년부터 2007년까지 런민대학교에서 사회학을 가르쳤다. 동 대학 사회학 연구소장, 국제관계학원 외교학부 주임 등 역임. 연구 주제는 인구, 환경, 자원, 지속가능한 발전 등을 포함한 인구사회학
- 2017년 미국으로 이주하였고 현재 유튜브 채널 '문명객청 저우샤오정[文明客廳周孝正]' 등을 통해 중국 관련된 언론 활동을 하고 있다.
- 주요 저서 : 〈응용 사회학〉, 〈인구 위기〉, 〈사회조사연구〉, 〈실사구시적 과학정신〉, 〈베이징시거민안전감조사보고[北京市居民安全感調査報告]〉, 〈21세기의 중국인구화우생(二十一世紀的中國人口和優生)〉 등 다수

중국에서 저우샤오정[周孝正] 교수는 저명한 사회학자로, 신랄한 비평가로 알려져 있으며, '베이징의 명사'로 인기가 높다. 그와 대담하면서 '청산유수'와 같은 빠른 말투로 열변을 토하는 그와 견줄 만한 사람이 또 있을까 하는 생각이 들었다.

　"지식인이란 어떤 존재일까요? 원래 지식인이나 학자는 체제에 아부하는 사람들이 아닙니다. 지식인은 사회나 체제를 제대로 비판하기 위해 존재하는 사람들입니다. 지식인이 체제를 비판하지 않으면 도대체 누가 하겠습니까? 노동자와 농민들이 비판할 수 있을까요? 그들은 매일 같이 중노동으로 피곤한데 말입니다."

　지식인의 사명은 비판하는 것에 있다고 단언하면서 실제로 저우 교수는 지난 수십 년 동안 자신이 말한 대로를 실천해왔다. 저우 교수가 비판의 대상으로 하는 삼고 있는 영역은 매우 다양하다. 사회, 경제, 문화, 시사 문제 등에 이르기까지 다양한 분야에서 신랄한 비판을 하고 있다. 물론 중국의 현행 정치 체제 하에서 그는 늘 비난과 중상모략의 대상이 되고 있지만 저우 교수는 그런 것에 전혀 신경을 쓰지 않는다.

　"반론이 있거나 다른 의견이 있는 것은 매우 정상적인 상태라고 말할 수 있습니다. 사상이 모두 같다면 무서운 일이지 않겠습니까? '당신의 관점에는 동의하지 않지만 당신이 말할 권리는 지켜주겠다' 라는 자세가 필요한 것이죠."

　저우 교수는 이미 70대 중반이지만 건강하고 밝은 성격을 가진 활기찬 남자다.

"중국 사회는 어둡지만 그곳에 사는 사람은 밝게 살아가야 하지 않을까요. 실제로 내 마음 속은 햇빛으로 가득 차 있습니다."

이렇게 말하면서 그는 껄껄 웃었다. 베이징과 미국에서 전화로 나눈 저우 교수와의 대담은 실로 유쾌하고 시사적인 내용이었다.

"코로나는 외국에서 발생했다"라는 관제 유언비어

김문학 코로나바이러스가 발생한 곳임에도 불구하고, 중국에서는 "상황은 좋은 방향으로 향하고 있다"라는 시진핑 국가 주석의 의견을 추종하는 견해가 퍼지고 있습니다. 미국, 이탈리아, 브라질 등 세계적으로 감염이 확대되고 있는 현실을 눈앞에 두고서도 중국은 전 세계에 사과 한 마디도 하지 않고 있습니다. 이렇게 세계로부터 빈축을 사고 있는 것에 대해 저우 교수님은 어떻게 생각하십니까?

저우샤오정 정확하게 말하면 사과해야 할 것은 중국이 아니라 중국 공산당 정권입니다. 게다가 말씀하신 바와 같이 사과는커녕 오히려 공공연히 자화자찬하는 부끄러운 모습을 연출하고 있습니다.

시진핑 정권은 국내 경제와 정치의 안정을 도모하면서, 베이징과 상하이, 진원지인 무한 등에서도 경제, 상업 활동을 재개하고 있습니다. 하지만 어차피 그런 것은 국민을 속이는 일종의 눈가리개에 불과한 것입니다. 자국만을 생각해 우한을 비롯한 전국의 대도시를 록다운하였지만 지금은 "중국이 엄청난 희생을 치르면서 전 인류에 크게 공헌했다"라고 말하고 있을 정도입니다.

2020년 3월 4일, 중국 공산당 중앙정치국 상무위원회의 시진핑 국가 주석이 의장을 맡고 있는 회의에서, 코로나바이러스 대책과 경제·사회 운영의 안정화 등이 검토되었습니다. 그런데 다음 5일, 마자오쉬[馬朝旭] 외무차관이 기자 회견에서 "코로나바이러스 감염이 각국에 퍼지는 가운데 의료 물자와 기술의 제공을 통해 국제 사회에 공헌하겠다"라며, 마치 국내는 안정되었기 때문에 앞으로는 세계 각국을 지원해 준다는 자세를 어필하였습니다.

김문학 중국에서는 최근 "감염은 최초로 중국에서 발생했지만 그렇다 하여 반드시 발생원이 중국이라고는 할 수 없다"라는 발언이 있었는데, 이는 국민적 영웅이라고 불리면서 코로나 대책팀을 이끄는 중난샨[鍾南山] 박사가 한 말입니다. 2월 27일 기자 회견에서 그는 그렇게 말했습니다.

저우샤오정 중난샨은 시진핑 체제 속의 전문가팀 '톱'이라 불리는 '앞잡이'에 불과한 사람입니다. 중국 인터넷에서도 "중국은 발생원이 아니고 미국이 진짜의 발생원이다"라는 유언비어가 돌아다니고 있고, 중국인 중에는 이러한 근거도 없는 정보를 진짜라고 믿는 사람도 적지 않습니다.

　인터넷에서는 외국에서 감염이 확대되고 있는 것에 대해 쾌재를 외치는 사람도 많습니다. 게다가 외국에 대한 정보가 적은 중국인들에게 의도적으로 정보를 조작하여 외국 뉴스를 왜곡하거나 거기에 편승하여 루머를 흘리는 사람도 많이 있다는 것입니다. 이런 일은 대형 미디어에서도 일어나고 있습니다. 2020년 3월 4일, 신화사 통신의 인터넷 사이트에서는 당당히 "코로나바이러스의 발생원은 틀림없이 외국이다. 중국은 사과할 필요가 없다"라고 썼습니다.

김문학 중국인은 비교문화론적 관점에서 봐도 확실히 자신의 잘못을 쉽게 인정하지 않는 국민성, 이른바 '사과하지 않는 문화권'에 속한다고 생각합니다만.

저우샤오정 말씀하시는 대로입니다. 게다가 자신들은 전혀 사과하지 않으면서 상대방에게는 억지로 사과를 요구하는 것은 중국인이 가진 국민성의 특징입니다. 이러한 국민성이 가장 잘 체화된 곳이 바로 중국 공산당입니다.

중국 공산당 앞에 반드시 붙어 있는 수식어를 생각해 보면 됩니다. 그것은 '위대·광영·정확(偉大·光榮·正確)'인데 약어로는 '위광정(偉光正)'입니다. 마치 성이 '위광정', 이름이 '중국 공산당'인 것처럼 언제나 붙어 있어 하나의 단어가 되었지요. 전 세계에서 이런 식으로 자화자찬하는 정당이 있을까요. 일본의 자민당이 이렇게 자찬하고 있습니까? 미국의 공화당이나 민주당이 이런 자기 자랑을 늘어놓고 있습니까? 당연히 그렇게 하지 않습니다. 그 이웃 나라, 북한조차도 그렇게 하지는 않아요.

김문학 맞는 말씀입니다. 그런데 왜 이렇게 자화자찬을 하는 걸까요?

저우샤오정 한 마디로 말하자면 자신이 없기 때문입니다. 중국 공산당은 마오쩌둥 시절부터 이 '위광정' 신화 만들기에 힘을 쏟아왔습니다. 중국 인민을 선전으로 세뇌하고 공산당 통치를 정당화하여 영원히 권력을 유지하는 것에 그 목적이 있습니다.

덩샤오핑으로부터 후진타오 시대에 이르기까지는 아직 겸손한 자세가 다소나마 있어 부끄러움을 모르는 자화자찬은 자제되었지만, 시진핑 시대가 되면서 다시 마오쩌둥 시대로 되돌아왔습니다.

자화자찬의 〈대국전역(大國戰疫)〉이라는 책

김문학 2020년 2월 말 시진핑의 감염 대책을 칭찬하는 서적이 중국에서 긴급 출판된 적이 있지 않습니까?

저우샤오정 그렇습니다. 인터넷과 외국 미디어 보도에 따르면, 2월 26일 코로나바이러스가 여전히 만연하고 있는 가운데, 감염증을 억제할 수 없으면서도 중국 정부가 갑자기 그런 책을 간행했습니다. 책 제목은 〈대국전역(大國戰疫)〉이었지요. 시진핑 국가 주석이 이끄는 대국이 역병과 싸운다는 매우 통속적인 내용으로, 중국 공산당 수뇌부인 시진핑을 신격화하고 칭찬하는 내용입니다. 당 선전 활동의 첨병인 중국 공산당 중앙선전부, 국무원 신문 담당 공실이 지도하여 몇몇 국영 출판사에서 출판하였습니다.

국영 신화통신의 인터넷판 홍보 기사에 실린 내용을 살펴보면 "시진핑 총서기는 대국의 지도자로서, 인민을 위해 봉사하려는 정신과 사명감, 전략적 선견지명과 탁월한 지도력을 책에서 훌륭하게 표현하고 있다. 그리고 중국 인민이 시진핑 동지를 중심으로 당 중앙의 지도 아래 일치 단결하여 바이러스와 싸우는 인민 전쟁의 진척 상황과

호전되는 상황을 그렸다. 이 책에서는, 중국 공산당의 지도와 중국의 특색 있는 사회주의 제도의 뛰어난 우월성을 잘 표현하였으며, 중국이 어떻게 국제 사회와 협력하여 전 세계 국가와 지역의 공중 위생을 위해 노력을 다하였는지를 밝혔다"라고 기술되어 있습니다.

그러나 이 기사에 대해 비난의 목소리가 곧바로 쇄도하였는데, "감염 확대를 저지하지도, 이렇게 거대한 재난을 처리하지도 못하면서 수천 명 죽은 자의 뼈가 식지도 않았는데도, 부끄러움도 모른 채 사실을 왜곡하면서 시진핑 개인을 숭배하고 신격화를 서두르는 것은 너무나 미친 짓이지 않은가"라는 반론이었습니다. 이렇게 낮은 수준의 예찬이야말로 '위광정'이라는 의상을 입은 쇼라는 것입니다.

김문학 우한의 소설가 팡팡[方方] 씨는 신랄한 발언을 하는 것으로 유명한 분인데, 그녀는 인터넷을 통해 발표한 '우한 일기'에서 다음과 같이 적나라하게 말하였습니다.

"우리는 아직도 집에 처박혀 한 걸음도 집 밖으로 외출할 수 없다. 그러나 찬미가를 크게 부르며 승리를 거둔 것처럼 환희의 목소리를 높이는 사람들도 있다. 우한에 살고 있는 사람들이라면 뭐라고 할까? 때로는 불안해 하고 때로는 마음이 흔들리면서 우리 모두는 겨우 버텨내고 있을 뿐이다. 그런데 승리라니…… 그건 너희의 승리일 뿐이다."

저우샤오정 팡팡은 중국 작가 중에서도 진실을 말할 수 있는 몇 안 되는 용기있는 작가 중 한 사람입니다. 흥미롭게도 〈대국전역〉은 간행되자마자 중국의 인터넷 쇼핑몰에서 '판매 중지'가 되어버렸습니다. 그 이유 중 하나는 많은 사람의 반감을 샀기 때문이거나 혹은 코로나바이러스의 영향으로 인쇄 공장의 직원들이 현장에 갈 수 없기 때문이라는 말도 있었습니다.

어쨌든 이 책은 시진핑 체제의 중국 공산당이 만들어 낸 것으로, 부끄러움을 모르는 수많은 자화자찬 일색의 책 중에서 최고의 걸작으로서 역사에 오점으로 남을 것입니다.

"시진핑의 지능은 초등학생 수준이다"

김문학 일본을 비롯하여 중국 밖에서는 시진핑이 무능한 사람이라는 평가가 지배적인데, 저우 교수님은 시진핑을 어떤 인물로 보고 계십니까?

저우샤오정 한마디로 말하면 평범한 인간입니다. 솔직히 말하면 똑똑하지 않은, 어리석고 무능한 자이고요.

김문학 그렇다면 왜 그런 어리석은 사람이 중국 공산당의 최고 통치자가 된 것일까요?

저우샤오정 지금의 중국 체제는, 민주주의 국가와 같은 선거가 없기 때문에 누구나 황제가 될 수 있습니다. 당연히 역대 중국 황제 중에도 무능한 사람이 있었습니다. 전제주의에서는 흔한 일이라는 겁니다.

시진핑은 성격적으로는 마오쩌둥과 비슷한 점이 있다고 생각합니다. 프라이드는 비정상적으로 높고 견식도 교양도 얕습니다. 마오쩌둥의 전 비서로, 중국 공산당 체제 내에서 가장 양식이 있는 인물이라고도 평가되는 리루이[李銳] 씨가 증언한 것처럼 "시진핑의 머리는 초등학생 수준"이라는 것입니다.

김문학 시진핑은 칭화대학에서 박사 학위를 받았습니다. 그건 굉장한 거 아닐까요?

저우샤오정 전혀 그렇지 않습니다. 칭화대학 대학원 박사과정을 수료하고 법학박사 학위를 취득했다고 하지만 그 당시 그는 푸젠성의 성장(省長) 등을 역임하고 있었습니다. 그런 그가 어떻게 공부하고 연구할 수 있었겠습니까? 외국 언론은 그의 박사 논문을 누군가가 대필한 위조 논문이라고 단정하고 있습니다. 중국에서는 모두 것이 거짓이고, 진짜를 굳이 찾는다면 사기꾼뿐이라는 말이 있지 않습니까?.

리루이 씨는 그 외에도 시진핑의 인상에 대해 다음과 같이 말하였습니다.

"내가 시진핑과 마지막으로 직접 만나서 말한 것은 그가 저장성[浙江省]의 당서기일 때였는데 그때까지는 그의 문화적 수준이 그렇게까지 낮을 거라고는 상상조차 못하였다."

"나와 그의 아버지 시중쉰[習仲勳]은 가장 친구 사이였고, 그 아버지는 훌륭한 사람이었지만 그들이 이끄는 지금의 중국은 제대로 된 것이라 할 수 있나?"

그 외에도 많은 사람이 다양한 증언을 하고 있는데 이를 종합해 보면 시진핑은 역시 '무능'하다는 것입니다. 게다가 그는 마오쩌둥처럼 지식이나 교양에 대한 콤플렉스가 있고 자신이 없기 때문에 불필요하게 권력욕이 강한 인물이 되었다는 것입니다.

김문학 마오쩌둥의 통치 스타일을 한마디로 말하면 폭력이었는데, 시진핑은 그것을 계승하고 있는 것일까요?

저우샤오정 당연합니다. 리루이 씨의 딸인 리난양[李南央] 씨의 말을 들어 봅시다.

"시진핑은 아버지인 시중쉰의 아들이 아니라 아버지에 대한 반역자가 되어 마오쩌둥의 손자를 자처하고 있습니다."

"초등학생 수준의 지능을 갖고 있어 지적 콤플렉스의 덩어리로 폭력적입니다. 장쩌민과 후진타오를 능가하는 최악의 인물입니다. 중국 공산당에는 악한은 존재하지 않습니다. 존재하는 것은 악한을 훨씬 뛰어넘는 인간들뿐입니다."

리난양 씨의 말은 그야말로 정곡을 찌르는 이야기입니다. 게다가 리난양 씨는 한때 마오쩌둥 시대에 인민공사라고 하는 농촌 조직 시스템을 기초로 시진핑의 통치 능력을 분석하였는데 꽤 흥미로운 내용이지요.

"농촌에서는 조직적으로 위에는 인민공사, 그 다음 생산대대, 가장 밑에는 소대가 있는데, 제일 마음대로 돈을 쓰는 사람은 대대 지도자인 대대장이었습니다. 시진핑은 한때 농촌에서 생산대대장에 임명된 적이 있습니다. 대대장의 일은 소대의 돈을 모은 후 공사를 속여서 돈을 쓰는 것이었습니다. 시진핑의 머릿속은 확실히 그 생산대대장 수준에 머물면서 계속 변하지 않고 있습니다. 대대장 때와 마찬가지로 자기 마음대로 독재를 하고 자기 중심적이며, 게다가 유치하기까지 합니다."

김문학 시진핑 체제에는 조언할 수 있는 싱크탱크와 같은 조직이나 지식인이 없습니까?

저우샤오정 있을 리가 없지요. 노예처럼 조종할 수 있는 '노재(奴才)'가 있을 뿐입니다. 저는 기회가 되면, 시진핑 본인에게 진실을 가르쳐 주고 싶을 정도입니다. 시진핑이 이렇게 악하게 된 데는 이유가 있는데 그것은 중국 공산당 내에는 진실을 말해 줄 인물이 없기 때문입니다.

어떤 경제학자가 시진핑에게 편지를 써서 경제 정책에 대해 진언을 한 적이 있는데, 그는 완전히 그 진언을 무시하였습니다. 지금 시진핑 밑에는 그에게 굽신거리는 신하와 같은 인물만 남아 있습니다. 그에게 올바른 진언을 할 수 있는 사람은 모두 숙청되어버렸기 때문이죠. 생산대대장 수준의 독재 통치 스타일로 마오쩌둥처럼 복종하지 않는 자를 모두 숙청해버리는 것입니다. 그렇게 하는 것은 정말로 간단 명료한 방법입니다. 옛 황제처럼 돈과 권력으로 모든 것을 지배하는 것이 바로 중국 공산당의 통치 양식이지요.

"나라는 그대로이지만 산과 강은 무너졌도다"

김문학 지식인이나 일반 시민 중에 시진핑 독재에 불만을 갖고 있는 중국인은 많습니까?

저우샤오정 물론입니다. 중국 공산당이 안고 있는 최대의 문제가 무엇이라 생각하십니까? 그것은 나치화되었다는 것입니다. 몇 년 전에 칭화대학 교수들과 함께 베이징에 있는 독일 대사의 초대를 받은 적이 있습니다. 그때 독일 대사는 "5,000년 문명을 가진 중국이 어떻게 하면 나치화를 피할 수 있을지를 생각하지 않으면 안 된다"라고 말했습니다. 그의 이야기는, 나치가 등장하기 전 독일은 경제적으로도 좋아지고 있었고 노동자들은 폭스바겐 자동차를 구입할 수 있을 정도로 풍족했음에도 불구하고 나치의 대두를 막을 수 없었다는 것입니다. 오히려 지식인도 서민도 히틀러가 이끄는 나치의 지원자가 되어버린 것이 과거의 아픈 역사라는 것입니다. 중국도 지금 경제적으로 풍부해지고 있기 때문에, 전쟁 전 독일의 전철을 밟지 않도록 하는 것이 매주 중요한 과제라는 지적이 있었습니다.

김문학 중국 공산당은 정말 나치화되고 있습니까?

저우샤오정 틀림없이 그렇습니다. 현재 상태를 보십시오. 중국은 국가 사회주의 체제를 취하고 있지만 국가사회주의를 독일에서 실천한 사람들이야말로 나치였지 않습니까? 경제는 발전하였다고 하나 독일의 휴머니즘은 죽었습니다. 독일에 그렇게 많은 철학자, 사상가가 있었음에도 불구하고 나치를 저지할 수 없었습니다.

그러므로 우리도 자성하지 않으면 안됩니다. 국가사회주의 체제 하의 중국은 지금 어떤 상황입니까? 경제 발전도 이미 흔들리기 시작하였고 사회와 국민의 문명과 도덕 수준은 바닥으로 떨어져버렸습니다. 게다가 중국을 여기까지 엉망으로 만든 중국 공산당은 반성은 고사하고 자화자찬을 할 뿐입니다.

중국은 공산주의 앞의 사회주의 단계에 있다고 중국 공산당은 말합니다. 그렇다면 사회주의란 무엇입니까? 공평, 평등, 무계급 사회일 것입니다. 그러나 중국 공산당이 실제로 하고 있는 것을 보면 '가짜 사회주의' 그 자체입니다. 군사비를 매년 두 자릿수 늘리면서 군국주의와 애국주의를 국민에게 강요하고 있습니다. 이런 것을 나치라고 부르지 않고 도대체 다른 어떤 것을 나치라 부르겠습니까?

중국 공산당은 종종 일본을 군국주의라고 비난하고 있습니다만 과연 그런 말을 할 자격이 있는 것일까요? 일본은 전쟁 후 진심으로 반성하고 진정한 평화의 나라, 자유주의 나라가 되었습니다. 한편 중국은 사회주의의 옷을 입은 나치 독일로 전락해버린 것이 아닐까 하는 생각이 듭니다.

김문학 그러나 중국이 경제 성장을 이룬 것은 사실이지 않습니까?

저우샤오정 중국이 어떻게 경제 성장하였을까요. 하나는 인민에 대한 착취입니다. 현재 농촌 호적을 가지고 있는 상태에서, 지방 도시나 베이징 또는 상하이 등의 대도시에서 일할 수밖에 없는 '농민공'이 약 2.9억 명이나 있는 데 이들이 가장 더럽고 힘든 일을 담당하고 있습니다. 게다가 그들의 임금은 국내 최저 수준입니다. 도대체 전 세계 어느 나라에 2.9억 명의 저렴한 노동력이 존재할까요? 그들은 매일 끔찍한 차별을 받으면서 일합니다. 이들은 바로 21세기의 노예입니다.

그리고 또 하나는, 대량으로 자원을 소모하여 자연 환경을 철저하게 파괴하고 있다는 것입니다. 두보(杜甫)의 시에 나오는 '국파산하재(國破山河在, 나라가 무너져도 산과 강은 그대로 일세)'라는 유명한 말이 있습니다만, 지금의 중국은 '국재산하파(國在山河破, 나라는 그대로지만 산과 강은 무너졌도다)'가 되었습니다. 웃을 수 없는 매우 심각한 상황이라 할 수 있습니다.

지금의 중국인은 최악의 상태로 더러워진 공기를 흡입하고 최악의 상태로 오염된 물을 마시면서도 그러한 상황을 참을 수밖에 없습니다. 수도 베이징도 한 달 중 26일이 스모그로 덮여 있어 3m 앞도 보이지 않는 상태입니다. 또한 통계에 따르면, 중국 북부 사람들은 남부 주민보다 수명이 5년이나 짧아졌다고 합니다. 이러한 것은 국제적 조사에 기초하여 학술지에 게재된 논문에서도 입증되고 있습니다.

그 외 행정이 '매혈(賣血)' 비즈니스를 주도한 결과, 살균도 제대로 되지 않은 채혈 기구를 사용하고 주사기를 돌려가며 사용하기 이르렀으며, 그 때문에 가난한 농민이 에이즈에 걸려버리는 비극도 있었습니다. 마을 전체가 에이즈 환자로 넘쳐나는 '에이즈 마을'도 곳곳에 있었습니다. 현재는 겨우 언급할 수 있게는 되었지만 얼마 전까지만 해도 그런 것을 언급하는 것 자체가 금기시되어 있었습니다. 이렇게까지 엉망이 되었는데도 중국 공산당은 번지르르한 말만 하고 있습니다. 중국의 단독 승리라고 하면서요.

중국인을 괴롭히는 '세 마리 뱀'

김문학 중국인은 자국의 경제 발전과는 달리 행복해졌다는 실감이 부족해 보입니다. 사실 대부분 중국인의 행복지수는 낮은 수준에 머물러 있는데 그 원인은 무엇입니까?

저우샤오정 중국 공산당은 중국 동포와 자국민에 대해 매우 냉혹합니다. 중국에 체류하는 미국인 기자가 한때 이런 말을 한 적이 있습니다.

"외국인이 중국인을 공격하면 기분 나빠질 수 있는데 현실을 직시하면 중국인을 가장 엄격하게 대하는 곳은 외국인이 아니라 중국 정부입니다."

도시 호적과 농촌 호적으로 나뉘어 있는 것은 이미 외국인들도 알고 있으리라 생각합니다. 그런데 현재, 베이징을 비롯한 대도시에서 농민공이나 다른 지역으로부터 온 주민의 아이들에게는 대학 입학 시험을 칠 자격조차 주어지지 않습니다.

"베이징에서 '권귀(權貴)'라고 불리는 권력과 돈을 가지고 있는 자녀들은 거의 공부를 하지 않아도 수험 등에서 특권을 누리고 있습니다. 하지만 30년 전에 베이징으로 이주해 온 농민공들은 그곳에서 아이를 낳고 초등학교에서 고등학교까지 다니게 하였다 하더라도, 대학 입학 시험 응시가 허가되지 않습니다. 이들은 부모의 고향으로 돌아가서 시험을 봐야 한다는 것입니다.

김문학 그건 정말로 차별이라 할 수 있네요.

저우샤오정 그뿐만이 아닙니다. 베이징에서는 5년 이상 살지 않으면 차도 아파트도 구매할 수 없습니다. 그래서 한 변호사가 베이징시는 주민을 차별하고 있다고 소송을 일으켰지만 법원은 수리조차 하지 않았습니다.

김문학 역시 일본인과 같은 평균적으로 높은 국민적 자질과 비교해 보면 중국인의 자질은 매우 낮은 것일까요?

저우샤오정 그렇습니다. 일본인의 자질과는 수준이 다릅니다. 중국 공산당에 의한 독재와 전체주의 시스템에 의해 자라난 대다수의 중국인은 정말로 어리석은 사람이라고 할 수 있을 것입니다. 게다가 계급 사회이지 않습니까? 지금 중국 사회에는 검은 뱀, 흰 뱀, 안경 뱀(코브라)이라는 세 마리 뱀이 살아 있는 것을 아십니까?

김문학 처음 듣는 말입니다. 그게 무엇입니까?

저우샤오정 검은 뱀은, 검은 법의를 입은 법원(재판소)을 말하는 것이고, 흰 뱀은 흰 가운을 착용한 병원을, 안경 뱀이란 학교 선생님이 안경을 쓰고 있는 것을 빗대어 말하는 것으로 교육을 의미합니다.

김문학 재미있는 비유군요.

저우샤오정 이들 세 종류의 뱀은 모두 중국인에게는 벅찬 상대입니다. 법원, 병원, 학교 교육은 많은 돈이 필요하기 때문에 중국인은 괴롭습니다. 바로 뱀에게 당하는 것처럼 말이죠. 이 뱀들은 실생활에서는 피해갈 수 없는 까다로운 존재들입니다.

김문학 중국에서는 재판이 벌어지면 소요되는 비용이 인간 관계를 포함한 엄청난 큰일로 다가온다는 말을 들었습니다.

저우샤오정 맞습니다. 중국의 사법은 게다가 불공평하기 때문에 사람들은 '검은 뱀'이라고 비난합니다. 또 '흰 뱀', 즉 병원에서 진료를 받는 것도 일본과 같이 쉽지 않습니다. 하루 종일 줄을 서는 것이 일상이고 약 비용도 상상 이상으로 비쌉니다. 게다가 '안경 뱀', 즉 아이의 교육도 초중학교는 의무교육입니다만 비용이 매우 많이 듭니다. 이와 같이 다양한 문제가 중국인을 괴롭히고 있습니다. 일본으로 여행 가서 '폭풍 구매'할 수 있는 사람은 극히 일부 부유층밖에 없습니다.

자연의 공기도, 정치의 공기도 신선한 미국

김문학 빈부의 차이를 측정하는 지표에 '지니계수'가 있는데, 중국의 수치는 어떤가요?

저우샤오정 지니계수에 대해 2001년 3월, 당시 주룽지[朱鎔基] 총리가 "중국 수치는 0.33을 넘었다"라고 말하였습니다. 지니계수의 글로벌 평균은 0.2이며 0.4는 경계선이라고 합니다. 이 수치가 의미하는 바는 중국 사회에서 '양극 분화'가 일어나고 있다는 것입니다. '양극 분화'에 대해 한때 덩샤오핑이 다음과 같이 말하였습니다. "만약 중국 사회가 양극 분화에 이르게 된다면 그것은 개혁이 실패하였다는 얘기다"라고 말이죠. 여기서 개혁의 실패란 무엇을 말하는 것일까요? 이것은 중국은 경제 개혁뿐만 아니라 정치 개혁도 보기 좋게 실패했다는 것입니다.

　사실 현재 중국의 지니계수는 0.6을 넘고 있습니다만 중국 국가통계국은 이 수치를 공개하지 않습니다. 2016년에 0.465라는 수치가 공식 발표되었지만 중국 정부의 통계를 누가 믿겠습니까? 중국 통계 데이터를 중국인은 '신선 숫자(神仙數字, 날조 데이터)'라고 부르며 중국인 자신도 정부의 발표 같을 것을 신뢰하지 않습니다.

김문학 최근 중국에서는 중산 계급이 3억 명에 달하고 2050년에는 9억 명까지 늘어난다고들 합니다. 그것이 사실이라면 중국은 보다 풍요로운 대국이 될 수 있다는 말이 아닐까요?

저우샤오정 터무니없는 말입니다. 설령 중산 계급이 3억 명에서 9억 명으로 늘어난다고 하더라도 중국은 풍요롭게 될 수 없을 것입니다. 신선한 공기조차 없으니까요. 신선한 공기, 깨끗한 음용수, 안전한 식품, 이 세 가지가 없는데 도대체 무엇이 발전이고 무엇이 풍요로운 사회란 말입니까?

애당초 중국은, "중산 계급이 늘어났다", "7억 명이 빈곤에서 탈출했다"라면서 자화자찬하고 있지만 그것은 신뢰할 수 없는 말들입니다. 정부는 GDP나 통화 발행량 증가로만 부를 보고 있으니까요. 그리고 빈곤에서 벗어났다고 합니다만 내가 어릴 적에 본 '청천백운(靑天白雲)'은 사라져버렸습니다. 게다가 안심하고 마실 수 있는 깨끗한 물도 없습니다. 아기의 우유에는 독소가 들어 있습니다. 이런 데도 중국이 풍요로워졌고 발전했다고 진심으로 말할 수 있을까요?

김문학 중국이 환경이나 자연을 파괴하더라도 GDP와 경제적 풍요만을 추구한 결과 나타난 폐해군요.

저우샤오정 시진핑은 다양한 경제 목표를 세웠습니다만 그 핵심은 무엇보다 GDP를 우선하는 금전주의입니다. 인간의 생사에 관계되는 공기, 물, 식품이 엉망인데 GDP가 늘어난들 무슨 의미가 있겠습니까.

김문학 저우 교수님은 그래서 신선한 공기를 찾아 미국으로 이주한 것이군요. 2017년 여름, 교수님과 만난 것은 베이징이었습니다. 당시 인터넷에서는 저우 교수님의 미국 이주를 둘러싸고 다양한 논의가 일어나고 있었는데, 70세를 넘어서 이국 땅을 선택한 것은 무엇 때문입니까?

저우샤오정 김 선생님이 말씀하시는 대로 미국의 공기가 신선하기 때문입니다. 자연의 공기만이 아닙니다. 정치의 '공기'도 중국보다 훨씬 좋기 때문이었고요. 베이징에 그대로 있었다면 내 수명은 아마도 10년은 짧아졌을 것입니다. 미국에서 매일 신선한 공기를 마시면서 정신도 맑아졌습니다. 언론의 자유를 충분히 즐기고, 하고 싶은 말을 마음껏 할 수 있으니까요.

김문학 인터넷에서는 저우 교수님이 현명한 선택을 했다고들 합니다. 반면 미국으로 이주하면 언어의 벽이 언론 활동에 부정적으로 작용할 것이라는 의견도 있습니다만.

저우샤오정 베이징대학의 허웨이팡 교수(두 번째 이유 참조)는 체제 내에서 체제를 비판하고 있어 중국 공산당 당국으로부터 탄압받고 있습니다. 그러나 나는 경우가 다릅니다. 이미 고희가 지난 데다, 그와 같은 끔찍한 환경에서 벗어나 좋은 환경에서 발언하고 싶었습니다. 〈손자병법〉에 '주위상책(走爲上策, 도망치는 것이 가장 좋은 책략)'이 있습니다. 바로 나는 이 전략을 선택한 것이지요. 게다가 지금 PC나 스마트폰을 이용하면 순식간에 세계를 향해 발언할 수 있습니다. 현재 중국의 스마트폰 인구는 10억 명이고요.

김문학 저우 교수님은 50년 간 교단에 서셨는데요. 교사로서 사명감은 지금도 가지고 계십니까?

저우샤오정 물론입니다. 중국의 체제나 사회, 민족을 좀먹는 모든 폐해에 대해 비판하고, 진상을 찾고 그 해결 방법을 제시하는 것이 나의 사명입니다. 게다가 나는 미국의 버지니아주에 이주해 수명이 10년은 늘어났기 때문에 그만큼 더 노력할 수 있게 되었지요.

"일본군이 공격해 오면, 그들을 도와 중국을 패배에 몰아넣는다"
김문학 교수님의 사명감은 훌륭하다고 생각합니다. 다만 교수님이 떠난 중국 대륙을 보면, 문화대혁명이 부정되고 있음에도 불구하고, '마오주오[毛左, 마오쩌둥 사상을 신봉하는 좌파, 보수파]'가 매우 많은 것 같습니다. 위챗의 그룹에서도 그러한 사람들을 자주 만날 수 있는데,

왜 이런 상태가 되고 있는 걸까요?

저우샤오정 그런 사람들은 최하층에서 매일 통치자로부터 착취를 당하면서도 통치자와 같은 사고 회로를 가지고 있기 때문입니다. 어떤 생물 중에도 중국의 그런 '루오즈[弱智, 정신박약자]'와 같은 존재를 찾아낼 수 없을 것입니다.

하지만 중국의 어리석은 사람들을 절대 가볍게 보아서는 안 됩니다. 중국 공산당은 마오쩌둥 시대부터 지식 엘리트를 박해하여 거의 뿌리를 뽑아버렸습니다. 남은 자들은 대부분 문화나 교양 수준이 낮은 농민과 노동자들이기 때문에 중국 공산당의 선전에 빠지기 쉬웠습니다. 마오쩌둥 신격화에 의한 중국 공산당의 폭력 지배는 더욱 그들의 생각을 멈추게 하였고 마오쩌둥에 대한 숭배가 미신 수준이 될 정도로 높아졌습니다. 그들의 생각을 바꾸는 것은 쉬운 일이 아닙니다. 이러한 좌파는 마오쩌둥을 아이돌처럼 따르는 어리석은 사람들로, 중국 인구의 95%는 차지하고 있을 것입니다. 그 맞은편에 있는 리버럴파와 민주파는 5% 정도에 불과합니다.

김문학 개혁 개방 40년이 실패라는 것은 그런 측면에서도 말할 수 있겠네요.

저우샤오정 물론입니다. 중국 대중의 어리석음은 국가주의 선전 교육과 세뇌가 만들어낸 '독'입니다. 그들의 눈에는 외국의 선진 문화나 지식이 보이지 않으며 공부나 생각도 전혀 하지 않습니다. 중국 공산당에 의한 우민화 교육에만 따르며 폐쇄된 세계에서 살아갈 뿐입니다.

지금 시진핑은 덩샤오핑이나 후진타오도 하지 않았던 개인 숭배, 즉 마오쩌둥 시대를 재현하고 있습니다. 그렇다면 어떻게 시진핑 정권이 이런 일을 공개적으로 할 수 있겠습니까? 그것은 지금 중국 공산당 체제 하에 95%의 우민들이 있기 때문입니다. 현재의 중국은 중국 공산당과 어리석은 국민의 합작으로 성립한 국가라고 해도 과언이 아닙니다.

김문학 중국에서는 지금 애국 교육에 의해 전에는 볼 수 없었던 수준까지 내셔널리즘이 높아지고 있습니다. 교수님은 그에 대해 어떻게 평가하십니까?

저우샤오정 그러한 현상의 주된 이유는, 국내 문제에 대한 눈을 외국으로 돌리려는 시진핑 정권에 사람들이 놀아나고 있기 때문이라고 말할 수 있습니다. 그러므로 겉으로는 모든 중국인이 애국자처럼 보이지만 실태는 전혀 그렇지 않습니다. 사실 중국의 진정한 문제를 보려고 하지 않는 '한지엔[漢奸, 매국노]'이 매일 다량 생산되고 있을 뿐입니다.

이전에 베이징 시민을 대상으로 설문 조사를 실시한 적이 있었는데요, 그 질문 중 하나가 "만약 일본군이 현재 베이징에 침공해오면 당신은 싸울 겁니까?"라는 것이었습니다. 어떤 대답이 있었는지 알고 계십니까?

김문학 아니요, 모릅니다.

저우샤오정 "일본군을 위해 길 안내하고 중국이 패배하도록 돕겠다"라고 대답한 사람이 무려 90%나 되었습니다.

김문학 아니, 그게 사실입니까?

저우샤오정 예, 사실입니다. 현재의 시진핑 체제에 대한 불만과 분노를 말해 주는 것이라 생각합니다. 그러니 지금의 중국인은 기회만 되면 외국으로 이민이나 유학가서 돌아오지 않으려 합니다. 정말 애국자라면 조국으로 돌아올 텐데 말이죠. 일본인은 왜 외국에서 유학한 뒤 대부분이 조국으로 돌아가나요? 그것은 조국 일본이 매력적이기 때문 아닐까요. 자국에 대한 미련을 없애버리는 이런 엄청난 현실을 만든 것이 바로 중국 공산당 집권 체제입니다.

김문학 현대 중국의 모든 병폐는 중국 공산당의 독재 정치에서 유래한다는 말일까요?

저우샤오정 그렇습니다. 1912년 2월, 신해혁명(辛亥革命)에 의해 청나라 마지막 융유태후(隆裕太后)가 퇴위를 선언하였습니다. 이것으로 청나라는 막을 내렸고요. 그 조서(詔書, 제왕의 뜻을 일반에게 알릴 목적으로 적은 문서)에는 "현재 전 국민은 마음속에서 공화제를 원하고 있다"라고 쓰여 있습니다. 나는 이 말이 매우 훌륭하다고 생각합니다. 그러므로 신해혁명은 유혈 없이 성공하여 중화민국을 수립할 수 있었던 것이 아닐까요?

그러나 중국 공산당은 진정한 '공화'를 원하지 않았습니다. 중국 공산당의 본질은 러시아에서 온 '마르크스 레닌주의'입니다. 이것은 중국의 사상이 아닙니다. 그러므로 중국 공산당에 의한 통치 체제는 '공산주의'라는 이름을 빌린 일종의 봉건 왕조적 시스템입니다. 이것이 중국 공산당의 본질이라고 생각합니다.

김문학 어떻게 하면 중국에서 공화제가 수립될 수 있다고 생각하십니까?

저우샤오정 800년 전, 영국에서 규정한 인권, 자유, 국왕의 권리 제한 등을 담은 '대헌장(마그나 카르타)'을 연구하고 실천하는 것이 좋다고 생각합니다. 이것이 제 대답입니다.

공산당 독재의 '독성'은 코로나를 능가한다
하층 계급의 목소리를 대변하는 사회인류학자의 분노

궈위화[郭于華]

- 칭화대학[淸華大學] 사회학부 교수
- 중국에서는 금지된 트위터 계정(@yuhuaguo)을 10년여 전에 개설하는 등 다양한 방식으로 독자적인 의견을 피력하는 지식인 중 한 명으로 알려져 있다.
- 1956년 베이징 출생
- 1971~1979년 우한군구[武漢軍區] 공군통신단에서 기술병으로 복무
- 1980년 베이징사범대학에 입학하여 1984년에 대학원 진학, 1990년 동 대학원에서 박사 학위 취득. 같은 해부터 2000년까지 중국 사회과학원 사회학연구소에 재직하였고 현직에 근무 중
- 1년 간 미국 하와이대학에도 재직하였으며 사회 정의와 공민 사회의 실현, 인권 문제나 체제 개혁에 대해 적극적으로 발언하고 있다.
- 주요 저서 : 〈경청저층(傾聽底層)〉, 〈생존을 찾아서(尋求生存)〉, 〈수난자의 자백(受苦人的講述)〉, 〈사업공동체(事業共同體)〉, 〈거주적 정치(居住的政治)〉 등

"지식인으로서 사회의 결함을 지적하고 체제를 비판하는 것이 저의 일입니다. 지금의 권력층에 대해 많은 사람이 갈채를 보내고 있습니다. 그러나 저는 그와 같은 아첨하는 합창에는 참가하고 싶지 않습

니다."

귀위화[郭于華] 교수는 두려워하지 않고 진솔하게 말한다. 중국의 저명한 사회학자인 그녀는 이런 발언에서도 알 수 있듯이 그야말로 '여걸' 그 자체다. 현대 중국의 비판적 '공즈[公知, 대중을 향해 발언하는 지식인]' 중 한 사람으로서 귀 교수는 사회 문제, 하층 계급자의 빈곤과 인권 문제, 지식인으로서의 태도, 중국 공산당에 의한 일당 독재 정치에 관해 과감하게 발언을 계속해 오고 있다.

신장 180cm 장신의 귀 교수는 초등학교 때부터 배구를 했다. 1971년부터 1979년까지의 8년간, 우한군구[武漢軍區] 공군통신단에서 기술병으로서 근무한 경험도 있다. 그러한 귀 교수는 몸짓과 말의 여기저기에 군인의 '쾌언직어(快言直語, 생각한 것을 스스럼없이 말하는 것)'의 특징이 보였다.

첫 대면은 2018년 여름, 베이징 칭화대학 캠퍼스 안에 있는 교원식당에서였는데 점심 식사를 함께 하면서 실로 다양한 문제에 대해 이야기했다. 상대에게 곧바로 친근감을 느끼게 하는 여성이었다. 그 후 전화로도 인터뷰했다. 그때마다 그녀의 날카로운 관점은 감탄할 만한 것이었다. 코로나바이러스가 만연하였기에 화제는 자연스럽게 그쪽으로 향했다. 그녀는 솔직하게 이렇게 말했다.

"인간을 '도구'로밖에 보지 않는 중국 공산당의 통치 스타일은 코로나바이러스보다 독성이 더 강합니다."

사람을 일회용으로 쓰고 버리는 독재 체제의 나쁜 관행

김문학 코로나 대책팀을 이끌면서 유명하게 된, 체제 쪽의 대표적 인물인 중난산 박사가 새롭게 중국 공산당에 입당한 의료 관계자를 이끌고서 입당 선서를 하면서 중국 공산당에 대한 충성을 맹세했습니다. 이 영상은 전 세계의 화교들에게 전해져 논란을 일으켰는데요, 귀 교수님은 이번 사태를 어떻게 보십니까?

궈위화 지식인들의 언론 공간이 마오쩌둥 시대 이후 가장 좁아지고 있는 이 시기에, 의사 중난산과 같은 체제 측 지식인에게 입당 선서를 하게 하고 그 영상을 흘렸다는 것은 국민의 공산당에 대한 충성심을 더욱 강화하려는 의도라고 생각합니다.

하지만 이런 쇼와 같은 방법은 오히려 반발을 초래하기 쉽지 않을까요? 코로나바이러스의 진상을 은폐하고 진실을 말할 수 없도록 사람들의 입을 막으면서 당이 말하는 대로 따르기를 요구하는 것은 참으로 어리석은 행위에 불과합니다.

중국 공산당은 이렇게 자신들이 생각하는 대로 사람을 통제해왔습니다. 그러나 이러한 통치 스타일에서 엿볼 수 있는 것은, 결국 인간을 '도구'로밖에 생각하지 않는다는 것입니다. 이런 정치 방식 자체가 일종의 '바이러스'입니다. 게다가 코로나바이러스를 훨씬 웃도는 독성을 가지고 있다고 말할 수밖에 없습니다.

김문학 그런 문제의 본질은 어디에 있다고 생각하십니까?

궈위화 중국의 모든 재앙의 원인은 중국 공산당의 독재 정치에 있습니다. 앞서 언급했듯이 이 독재 체제는 사람을 사람으로 보지 않습니다. 중국 공산당은 사람을 필요할 때 이용하고 사용이 끝나면 쓰고 버리는 구도로 여기지요. 바이러스가 만연하면 많은 의료 관계자를 현장에 파견해 "잘한다 천사, 잘한다 민족의 영웅"이라고 추켜세웁니다. 그러나 2003년 사스 유행 때도 그랬지만 일단 소동이 해결되면 아무런 보상도 하지 않습니다. 마지막 처리는 당사자가 스스로 알아서 해결하라는 것입니다.

김문학 결국 국민은 일회용 도구라는 말이군요.

궈위화 그렇습니다. 중국에서는 모든 인간, 노동자, 농민, 군인, 우리와 같은 학자, 지식인도 권력자 입장에서 보면 도구에 불과합니다. 지금까지 단 한 번도 자국민을 인간으로 본 적이 없습니다. 이것이 중국 공산당 독재 체제의 가장 본질적인 나쁜 관행입니다.

체제와의 싸움을 그만둘 생각 따위는 없다

김문학 그렇군요. 최근 귀 교수의 칭화대학 동료인 쉬장룬[許章潤] 교수에게 위챗으로 메시지를 보내려고 하였지만 보낼 수 없었습니다. 2018년 3월 쉬 교수는 시진핑 정권이 개헌을 하고 국가 주석의 임기 제한을 철폐한 것을 비판하는 논문을 발표했는데 대학 측이 그에게 정직 처분을 하였지요. 그 이후에도 그 상태가 지속되고 있나요?

궈위화 그렇습니다. 쉬 교수는 수업하는 것은 물론 평소의 연구 활동조차 금지되었습니다. 저는 대학 당국의 방식에 정말로 기가 찼습니다. 쉬 교수는 중국 공산당을 타도하라는 얘기는 한 마디도 하지 않습니다. 단지 한 편의 논문을 써서 시진핑 지도부에 진언했을 따름입니다. 학자가 자신의 견해를 표명하는 것이 무슨 문제라도 된다는 말일까요? 전문가의 관점에서 진지하게 의견을 말하는데 왜 죄를 묻는 것입니까? 권력 측이 법을 무시하고 한 사람의 인권을 이렇게 짓밟아도 되는 건가요?

김문학 저도 쉬 교수의 문장을 읽어 보았는데 정론이었습니다. 게다가 2020년 2월, 쉬 교수는 코로나바이러스를 둘러싼 시진핑 정권의 대응을 비판하는 글을 인터넷상에서 발표했습니다. "진상을 숨기고 책임 회피하여 감염이 확대되었다"라고 하였는데, 정확히 시진핑 체제의 실수를 지적한 훌륭한 글이었습니다. 그 글로 인해 당하고 있는 쉬 교수의 처지가 걱정됩니다.

궈위화 앞서 언급하였듯이 쉬 교수 홈페이지와 위챗 계정은 모두 동결된 상태입니다. 그의 행동도 제한되어 거의 '연금' 상태라고 할 수 있습니다. 김 선생이 말씀하시는 대로, 코로나바이러스 감염 확대에 대해 쓴 "분노한 인민은 더 이상 두려워하지 않는다"라는 말은 그야말로 격문이라 할 수 있을 것입니다. 또한 "코로나바이러스가 중국 전역으로 확산된 원인은 모두 중국 정부의 철저한 은폐, 정보 통제와 책임 전가, 자화자찬의 프로파간다를 통한 악습에 의한 인재이다", "이번 바이러스 만연을 통해 정치 체제의 취약성과 후진성이 남김없이 밝혀졌다", "폭발하는 화산처럼 격노한 국민의 분노는 이제 아무것도 두려워하지 않는다"라고 쉬 교수는 지적하였습니다.

김문학 쉬 교수의 글은, 그 유명한 노벨 평화상 수상자로 중국 정부에 의해 투옥되어 옥중 사망한 류샤오보 선생 이후 중국 국내에서 발표된 훌륭한 글 중의 하나인 것이지요. 쉬 교수는 2018년 7월에도 '오늘날, 우리의 공포와 기대'라는 논문에서, 시진핑 체제의 독재를 비판하고 그 위험성을 말했습니다. 저는 인터넷을 통해 그 글을 읽고 정말로 적확한 지적이라고 생각되어 크게 공감하였습니다.

궈위화 쉬 교수는, 우리가 배워야 할 양심이 있는 지식인의 대표이며 제가 매우 존경하는 동료이고 우리의 자부심이라고 말할 수 있습니다. 그가 지적한 "2017년부터 중국의 정치와 사회는 후퇴하기 시작했다"라는 말은, 중국인이라면 모두가 절실하게 느끼고 있는 현실입니다.

개인 숭배 중지, 국가 주석의 임기제 부활, 공무원의 자산 공개를 의무화하는 법과 제도의 실시, 1989년에 일어난 천안문 사건의 정당한 평가 등 네 가지 지켜야 핵심(bottom line), 아홉 가지의 우려와 여덟 가지의 기대로 구성된 제안에서 쉬 교수는 시진핑 체제에 경종을 울렸습니다.

미국의 중국어 사이트에서 당시 쉬 교수의 이 문장에 대한 찬반 설문을 조사한 결과, 95.22%가 찬성하였지요. 역시 양식 있는 중국인이라면 어느 누구도 시진핑 체제의 잘못에 대해 찬성할 리 없었다는 말이었지요.

김문학 그렇군요. 이처럼 엄격한 언론 공간에서 쉬 교수 이외에도 항의의 목소리를 내는 용기 있는 분들이 계신가요?

궈위화 물론입니다. 저도 쉬 교수를 응원하는 사람입니다. 저는 다른 사람보다 특별히 용감한 것은 아니지만 이런 상황이야말로 끔찍하다고 느낍니다. 모두가 침묵하는 상태가 무엇보다 끔찍합니다. 어느 누구도 의견을 말하지 않는다는 것은 복종을 의미하기 때문입니다. 그리고 이러한 복종이 계속되면 그 나라는 확실히 멸망합니다. 저의 위챗 계정도 이미 수십 번 동결되었지만 저는 체제와의 싸움을 그만두지 않을 것입니다. 제 주위에도 다양한 방식으로 저항을 계속하는 친구와 지식인이 많이 있습니다.

김문학 같은 칭화대학에 우창[吳強]이라는 정치학자가 계셨죠?

궈위화 예, 우창 교수는 강사로서 사회 운동의 과목을 6년이나 가르쳐 왔습니다만, 2015년에 칭화대학 당국은 그를 해고했습니다. 그 이유는 학생으로부터의 평가가 불합격이기 때문이라는 것이었습니다.

김문학 중국의 대학에서는 수업에 학생 간첩을 잠입시켜 교사의 언동을 스마트폰 등으로 녹화하고, 체제나 국가에 조금이라도 불만의 목소리를 내면 학교 당국에 밀고한다고 들었습니다. 우창 교수도 그 때문에 해고가 된 것일까요?

궈위화 예, 그렇습니다. 그러한 간첩 활동은 사실입니다. 얼마나 많은 인원이 있는지는 알 수 없지만 그 존재만은 확실합니다. 강의에 대한 학생들의 평가가 있고 거기에 덧붙여 밀고하는 학생이 있다는 것입니다. 우 교수는 그러한 학생의 밀고에 당했다고 생각합니다.

　중국의 대학은 교수의 정치 사상에 대한 통제를 아무렇지도 않게 뒤에서 활발하게 시행하고 있는 것입니다. 쉬 교수가 정직 처분이 되었을 때 저는 전혀 놀라지 않았습니다. 무엇이든 자유롭게 말할 수 없을 정도로 언론 공간은 이미 굉장히 좁아졌기 때문이었지요.

김문학 궈 교수님이 집필한 "자신의 의견을 표명하지 않는 학자가 있는가?"라는 글을 읽었습니다. 쉬 교수의 "자신의 말을 하지 않는 선생은 있는가?"에 호응하는 형태로 쓰신 것입니까?

궈위화 정부는 학자나 지식인의 정당한 의견을 탄압합니다만 그러한 행위에 법적 근거는 없습니다. 이러한 조폭 같은 통치에 저항하는 것은 당연한 일입니다. 나라를 위해, 사람들을 위해, 사회를 위해, 자유를 위해 학자가 자신의 의견을 얘기한 것이 죄가 된다는 것은 말이 되지 않습니다. 설령 정확하지 않은 것이라 하더라도 표현의 권리, 언론의 자유야말로 사회를 받치고 있는 확고한 기반이 아닐까 합니다.

김문학 교수님은 무섭지 않습니까?

궈위화 물론 무서워요. 그러나 그렇다고 해서 지식인, 학자로서 아무런 저항을 하지 않는 것은 저의 성격으로 용납할 수 없는 일입니다. 무섭다고 해서 무릎을 꿇을 수는 없다는 겁니다. 어떤 상황에서도 당당하게 서서 자신의 의견을 말해야 합니다. 한 사람의 인간으로서 인간답게 살아가야 하지 않겠습니까? 저는 어디까지나 중국 국내에서 발언을 계속하고 싶습니다. 국가가 모든 발언 매체를 파괴하더라도 저는 그런 것에 개의치 않을 것입니다. 저에게는 오로지 하나의 길만 있습니다. 즉 할 말은 계속할 거라는 겁니다.

조지 오웰의 세계를 넘어선 중국의 전 인민 감시 시스템
김문학 중국 인민에 대한 감시는 더욱 정밀화되는 듯합니다. 공항 입국 심사도 전면 디지털화하고 있네요.

궈위화 그렇습니다. 중국의 감시 체제는, 이미 조지 오웰의 〈1984〉에 나오는 세계 그 자체입니다. 이 전에 〈1984〉를 읽었을 때는, 설마 중국이 이런 사회가 될 것이라고는 꿈에도 생각하지 않았지만요. 지금은 발달된 인터넷과 AI의 기술을 구사하여, 언제 어디서나 검열과 체크가 가능한 감시 사회가 되어버렸습니다. 정부는, 외국에 있는 대부분의 사이트에 접속을 못하게 차단하였고, 트위터나 페이스북 등과 같은 SNS나 구글 같은 곳에는 참가는커녕 접속조차 할 수 없게 하고 있습니다.

한편 중국에도 검색 사이트 '바이두(Baidu)'나 중국판의 유튜브 '유쿠(Youku)' 등이 있습니다. 하지만 항상 중국 정부의 감시 하에 있기 때문에 정부에 조금이라도 불리한 내용이나 발언을 하면 즉시 삭제되어버립니다.

10억 명 넘는 사람이 매일 이용하고 있는 위챗이나 바이두에는 '민감사(敏感詞)'라는 말이 등장했습니다. 이것은 이름 그대로 당국이 민감하게 반응하는 금지어입니다. 천안문 사건이나 류샤오보와 같은 민감사는 애초에 검색조차 할 수 없습니다. 이처럼 국민 한 사람 한 사람의 언동뿐만 아니라, 일상 생활에서의 쇼핑, 오락에 이르는 모든 행동이 감시되고 통제되는 상황입니다.

이제 천망공정(天網工程, AI에 의한 감시 시스템), 금순공정(金盾工程, 인터넷 검열 시스템, 그레이트 방화벽)과 설량공정(雪亮工程, 주로 지방 주민의 스마트폰, 가전으로부터 개인 정보를 수집하는 시스템) 등을 구사하여 개인의 메일이나 통화 기록뿐만이 아니라, 대화 내용이나 만난 사람의 영상까지 입수하는 것이 가능하게 되었습니다. 정말 무서운 〈1984〉 같은 감시 사회가 실현되어 사람들의 자유와 인권이 짓밟히는 최악의 세상으로 점점 변해가고 있습니다.

김문학 중국의 감시 통치 시스템을 '디지털 레닌주의'라고 명명한 독일인 사회학자 세바스찬 하일만의 말대로, "중국의 AI 감시 체제는 이미 조지 오웰의 세계를 넘어섰다"라는 건가요?

궈위화 바로 그렇습니다. 앞서 언급했듯이, 중국 공산당 체제 하에 있는 사람은 이미 모니터링해야 할 '도구'가 되어버린 것이지요.

중국인은 과연 '인간'이라 할 수 있을까?

김문학 궈 교수님은 "중국인은 인간이라고 말할 수 있는가?"라는 글도 쓰셨는데요. 처음 타이틀을 보고 놀랐습니다만, 차분히 읽어 보니 중국인도 전 세계의 다른 사람들과 같이 인간으로서 인권을 가진다는 내용이더군요

궈위화 중국에서는 곧잘 "중국의 사정은 특수하기 때문에 서양식 자유민주제도는 맞지 않는다. 그러므로 중국은 독자적인 길을 걸어야 한다"라고 말합니다. 게다가 '중국 모델'의 우월성을 강조하면서 다른 나라에서는 당연하게 받아들여지는 가치관이 부정되기도 합니다. 더욱 끔찍한 것은 "중국인은 민도가 낮기 때문에 민주주의에는 적합하지 않다"라는 의견조차 있습니다.

그러나 저는 이에 대해 질문을 던지고 싶습니다. "중국은 과연 그토록 유일무이한 존재인가요? 그렇다면 중국인은 과연 '인간'이라고 부를 수 있을까요?"라고 말이죠. 세계의 보편적 가치란, 국가나 지역,

민족, 종교를 넘어, 양식과 이성에 근거한, 인류가 공통적으로 인정하는 철학이나 이념을 말하는 것으로, 요컨대 신앙의 자유, 언론의 자유, 출판, 결사의 자유, 공포로부터 해방될 자유라는 것입니다.

김문학 맞는 말씀입니다.

궈위화 중국에서는 현실에 대해 무력감을 느낄 때 낙담하면서 자주 "여기는 중국이니까"라는 말을 합니다. 또 문화대혁명 때 "우리는 벽돌이며 어딘가 필요한 곳으로 옮겨진다. 고층 빌딩에 옮겨져도, 화장실에 옮겨져도 기쁜 일이다"라는 말이 있었습니다. 당연한 이야기입니다만, 인간은 벽돌이 아니고 벽돌도 인간이 아닙니다. 그런데 중국의 국가 체제에서는 인간은 인간이 아니게 됩니다. 무언가를 위해 이용되는 공구나 재료에 불과하게 된 것이지요.

중국에서는 "인간으로서 더 존엄을 갖자", "민주화로 가는 길을 찾아 다른 문명국의 친구가 되자"라는 의견이 나오면 반드시 반대의 목소리에 의해 그 싹이 꺾여버립니다. "중국인에게 민주주의가 맞지 않다. 민주화를 진행하면 반드시 사회가 흐트러진다. 절대로 서방과 같은 민주주의를 도입하여서는 안된다!"라는 말로요.

김문학 왜 그렇게 민주주의에 반대하는 걸까요?

궈위화 역시 중국 공산당에 의한 일당 독재 체제 하에서 장기간 세뇌

되어온 결과, 사람들은 상부의 지시에 따르는 것에 익숙해져 자신의 머리로 생각하고 개인으로서 독립된 기개가 없어져버렸습니다. 말하자면 중국인은 모두 스스로 적극적으로 '노예 역할'을 연기하고 있는 것입니다.

중류 계급의 하류화와 '이등 국민'의 절망

김문학 그렇군요. 제가 본 바로는 중국인이 노예화된 결과, 사회 자체도 정체되어버린 것처럼 느껴집니다.

궈위화 말씀하시는 대로입니다. 저는 이러한 현실을 마주하면서 실망을 금할 수 없습니다. 사회의 자원과 기회가 극히 일부 사람들에게 집중되어 중류층이나 하류층 사람들 손에는 닿지 않게 되었습니다. 이렇게 되면 상류층으로 올라가는 것이 더욱 어려워집니다.

사회학적 관점에서 분석해 보면, 중국 사회의 특징은 '기회 상실', '유동성의 정체', '계층의 고착화'로 정리될 수 있습니다. 이러한 구조적 결함으로 인해 부자는 더욱 부자가 되고 가난한 사람들은 더욱 가난해지고, 강한 사람은 더욱 강해지고 약자는 더욱 약해집니다.

김문학 마치 흐름이 없는 물웅덩이가 썩어서 악화되고 열화되는 현상 같은 것이군요.

궈위화 맞습니다. 사회의 부패와 악화가 초래된 것은 필연적 결과입니다. 특히 하층 계급이 더 많이 그러한 폭압의 대상이 되고 있습니다. 최근 중국에서 빈발하고 있는 농민공에 대한 보상 미지급, 아동 유괴와 인신 매매, 주택으로부터의 강제 퇴거나 철거, 신체에 위해를 초래하는 위험한 식품의 유통 등 다양한 문제가 모두 하층 사회에 대한 악화를 상징하는 것들입니다.

게다가 살아가는 것 자체가 힘들어지는 현실 속에서 하층민들은 어떻게 해서든 살아남기 위해 발버둥치고 그 과정에서 당연히 사회는 불의, 부정으로 넘치게 되었을 뿐만 아니라 폭력 행위도 횡행하게 되었습니다. 강자는 약자를 괴롭히고 약자는 더욱 약한 사람들을 학대하는 사회, 즉 야쿠자의 행동 원리가 지배하는 사회가 된 것이지요.

그리고 중류 계급도 하류 계급화하고 있습니다. 최상위를 자리를 차지하고 있는 일부 기득권 집단이 사회 자원을 독점하기 때문에 사회적 구조는 고정화되어버렸습니다. 그렇게 되면 중류 계급이 풍요를 추구하는 것이 매우 어려워집니다. 사실 중국 국가 공무원에 대한 설문 조사에서는 80%가 매일 심한 스트레스를 받고 있다고 합니다.

또한 엘리트층의 외국으로의 유출도 점점 늘어날 것입니다. 상류 계급의 사람들은 압도적인 부를 점유하고 있다고는 하지만 사회 상황이 악화되면 역시 일상적인 불안에 노출됩니다. 그래서 그들은 외국으로 이주하거나 아이를 유학시키거나 자산을 도피시키게 됩니다. 중국에서는 여전히 이민이 붐인데 그 주요 멤버는 엘리트층입니다.

중국 사회가 열화되고 악화되는 가운데 어느 누구도 안심하고 안전을 누릴 수 없어 날마다 불안에 떨고 있다고 말할 수 있습니다. 더 이상 중국인에게는 과거 덩샤오핑 시대에 있었던 긍정적인 기분이나 고양감, 목표 같은 것은 없어져버렸습니다.

김문학 귀 교수님의 저서 〈경청저층(傾聽底層, 하층의 목소리를 들어라)〉은 학술적인 내용임에도 불구하고 베스트셀러가 되었습니다. 중국의 하층 농민, 농민공이나 도시의 실업자와 같은 약자의 '고통'을 잘 묘사한 훌륭한 저서라고 생각합니다. 그리고 최근 교수님은 그러한 농민과 농민공을 '이등 국민'으로 정의했습니다. 이것은 어떤 내용입니까?

궈위화 오랫동안 농촌 주민과 도시 주민을 나누는 호적 제도의 폐해로 인해 농민이나 농민공들은 '이등 국민'의 지위에서 빠져나올 수 없게 되었습니다. 제도적으로 최하층에 머물 수밖에 없어져버린 것입니다.

지금 사회 문제로 대두되고 있는 농민공에 대한 저임금, 급료 미지급, 공장에서의 상의 하달로 생긴 직장 내 갑질 시스템, 비인도적인 노무 관리 등과 같은 문제는 제도적으로 농민공의 낮은 신분 때문에 발생한 것입니다.

또한 애당초 도시 호적과 농촌 호적이라는 분할 시스템은 필연적으로 다양한 문제를 일으킬 수밖에 없습니다. 예를 들면 농촌에 두고 온 아이와 헤어져야 하는 이상한 가정 생활, 춘절 기간의 교통 시스템의 한계, 도시부에서의 치안 악화 등의 문제는 모두 호적 제도와 관련되어 있다 할 수 있습니다.

게다가 2017년에는 정부가 도시에 돈 벌러 나온 농민공이나 지방 출신의 노동자를 그들의 고향으로 강제적으로 되돌려 보낸 사건도 발생하였습니다. 그리고 이러한 하층 계급에 대한 차별 정책은 어제 오늘 시작된 것이 아니라 이미 반세기 이상 계속되고 있는 상황입니다. 중국의 공업화, 도시화, 이러한 차별 문제는 떼려야 뗄 수 없는 상태에 놓여 있습니다.

김문학 어떻게 하면 이러한 이등 국민 문제를 해결할 수 있을까요?

궈위화 도시와 농촌의 양극화는 이제는 사회뿐만 아니라 일종의 사고의 문제가 되어버렸습니다. 농촌의 권리를 보장하지 않은 채 이루어진 도시화는 불공평하고 부조리합니다. 시스템적이고 관념적인 차별에서 비롯된 농민 문제를 해결하려면 농민들에게 권리와 힘이 주어져야 합니다. 그들이 본래 가지고 있는 생존권과 재산권, 행복을 추구할 권리를 그들에게 주어야 한다는 것입니다. 달리 말하자면 제도적, 정치적 시스템의 개혁을 달성하고 이를 기반으로 전 국민, 농민, 농민공을 포함한 공민의 기본 권리가 보장되는 제도로 전환하는 것 외에는 이 문제를 해결할 방법이 없습니다.

"내세에는 중국인으로 태어나고 싶지 않다"

김문학 일본에서는 아무리 육체 노동에 종사하는 사람이라도 하더라도 그것만으로 사람을 차별하거나 그런 사람에 대해 인간으로서의 존엄성을 침범하여도 된다는 생각은 거의 없습니다. 일본을 필요 이상으로 미화할 생각은 없습니다만 중국의 사회 상황을 보면 비정상적이라 생각됩니다.

궈위화 맞습니다. 중국은 호적 제도도 문제이지만 원래 평범한 사람들 사이에서도 육체 노동자나 농민을 쉽게 차별해도 되는 대상 정도로 생각하는 것도 큰 문제입니다. 현대 21세기에 '이등 국민', '삼등 국민'이 존재하는 나라는 중국이나 북한 정도일 것입니다.

얼마 전 이야기이긴 하지만 2006년 9월, 중국의 인터넷 사이트에서 "만약 내세가 있다면 당신은 중국인으로 다시 태어나고 싶습니까?"라는 설문 조사를 한 적이 있습니다. 그 결과가 매우 흥미로운데, 무려 70%의 사람이 "내세에는 중국인으로 태어나고 싶지 않다"라고 답하였습니다. 웃긴 것은 20%의 사람이 "현세에서도 중국인이 되고 싶지 않다"라고 대답하였다는 것입니다. "내세에도 중국인이 되고 싶다"라고 대답한 것은 10%에 불과하였습니다.

그 이유는 지극히 간단한 것으로, 중국 사회의 무존엄, 무희망, 무공정이라는 '3무(無) 때문'이라고 하였습니다. 더 흥미로운 것은 그다음 전개된 상황입니다. 원래 해당 인터넷 조사는 일정 기간 계속될 예정이었습니다만, 국가 체제에 너무나도 불리한 결과가 나왔기 때문에 정부는 기한을 1개월이나 앞당겨 강제로 종료해버렸습니다. 게다가 그 내용도 모두 삭제하였고요. 그리고 다음 날 해당 사이트의 뉴스 주필과 평론 주필이 즉시 해고되었습니다.

김문학 그렇군요. 일본과는 정반대군요. 일본인은, 비록 외국에 유학해도 일본으로 돌아오는 사람이 대다수입니다. 강제적으로 애국을 세뇌하지 않아도 일본인으로서의 자부심을 가지고 있는 것이 보통입니다.

궈위화 그저 부러울 뿐입니다. 일본은 자유와 민주라는 개념이 주축이 되어 있는 선진 국가로서, 인간을 차별하는 것이 아니라 인간의 존엄과 자유를 제대로 지켜주는 훌륭한 나라라는 겁니다. 중국은 일본의 이웃임에도 불구하고 그 차이는 천양지차라고밖에 말할 수 없습니다.

김문학 중국 공산당이 "사람을 사람으로 보지 않고 도구로밖에 보지 않는다"라는 궈 교수님의 견해에 저도 동의합니다. 그렇다면 중국의 정치 체제 개혁이 시급한데, 어떻게 하면 정치 개혁을 실현할 수 있을까요?

궈위화 저는 지금까지 단 한 번도 중국에서 그러한 정치 개혁이 있을 것이라는 희망을 품어 본 적이 없습니다. 생각해보십시오. 우선 권력층이 아무런 제한을 받지 않고 완벽하게 자신들이 하고 싶은 행동을 하고 아무 데나 관여하면서 마음대로 통제하고 있으며, 시장, 경제, 교육, 학문, 사상, 문예 등의 모든 분야에 걸쳐 간섭하고 통제하고 있지 않습니까? 세계 최첨단 기술까지 활용하면서 말이죠. 그들은 권력을 절대 포기하지 않습니다. 헌법까지 개악하면서 자신들의 권력을 무덤까지 가지고 갈 태세입니다. 이러한 권력의 독점 상태에서는 개혁의 기운이 생길 리 없습니다.

김문학 체제 내에서 반역자가 나와 쿠데타를 일으킬 가능성은 없을까요?

궈위화 거의 없다고 봅니다. 일반 시민 중에도 우민(愚民)이 많은 것과 마찬가지로, 당 간부들도 상부의 말에 굽실거리면서 잘 듣는 '노재(奴才)'뿐입니다. 그러니 진심으로 중국의 통치 체제를 바꾸려고 목숨까지 던지겠다는 인물이 나올 리가 없는 것이지요.

중국인은 잔인한 방식으로 동포를 통치하고 관리하는 데 매우 뛰어난 민족입니다. 루쉰[魯迅]도 그의 소설 '분(墳, 무덤)'에서 이렇게 썼습니다.

"역사의 탄생 이래 중국인은 항상 동포에 의해 살육되고, 혹사되고, 착취되었으며, 형벌을 받았고, 모욕을 당하였으며, 압박받으며 살아왔다. 그것은 인류가 견딜 수 없는 그런 고통이었다. 그러한 고통이 인간 세계에서 일어난 일이라고 도저히 생각이 들지 않을 정도다."

나는 중국의 이러한 현상에 크게 분노하고 있습니다. 너무나 절망적이라 출구가 전혀 보이지 않을 정도입니다. 이러한 중국에 산적한 문제의 원인은 모두 권력의 독재에서 비롯된 것입니다. 이번 코로나바이러스의 감염 확대를 통해서, 중국 공산당의 일당 독재 체제가 낳은 폐해가 적나라하게 드러났습니다. 이러한 중국 국가 체제의 본질을 간파하고 바꿀 수 없다면 중국에 내일이 없을 것은 말할 필요도 없습니다.

코로나로 드러난 비겁하고 타락한 중국인의 실상
노벨 문학상에 가장 가까운 작가의 조바심

옌롄커[閻連科]

- 작가, 중국 런민대학 문학부 교수, 홍콩과학기술대학 객원교수
- 그의 독자적이고 환상적 문학은 '신실주의(神實主義)'라고 불리운다.
- 1958년 허난성[河南省] 출생. 가난한 시골에서 자라 고등학교 중퇴 후, 20세에 인민해방군에 입대해 창작학습반에 참가하였다.
- 1992년에 발표된 '그해 여름의 끝[夏日落]'이 발매 금지되면서 주목을 받았다.
- 2004년 제대 후 같은 해 간행된 〈유락(愉樂)〉으로 루쉰문학상 등 수상
- 2005년 발표된 〈인민에게 봉사한다〉가 발매 금지 처분을 받았고 2006년 발표된 〈정장(丁庄)의 꿈〉도 일시 판매 중지되었다.
- 2011년 〈사서(四書)〉는 발매 금지 처분을 받았지만 영국의 맨 부커 국제문학상의 최종 결선에 올랐다.
- 2014년 아시아에서는 두 번째로 '프란츠 카프카상'을 수상
- 주요 저서 : 앞에 언급한 책들 이외에 〈연월일〉, 〈작렬지(炸裂志)〉, 〈물처럼 견고하게〉, 〈흑돼지의 털, 흰 돼지의 털 자천 단편집〉 등 다수

기상천외의 상상력과 유머가 섞인 소설로 지금 중국은 물론 전 세계 독자를 사로잡고 있는 거장 옌롄커[閻連科] 작가. 모옌[莫言], 자핑와[賈平凹], 위화[余華] 등과 함께, 중국 현대 문학을 대표하는 작가 중 한 명인 옌 작가는 '신실주의(神實主義)'라는 독자적인 표현 수법을 개척하였다. 너무도 복잡하고 부조리한 중국의 현실을 마주하면서 기존의 현실주의(사실주의)로는 현실을 묘사할 수 없다고 생각했기 때문이다.

1958년 허난성의 가난한 농민의 아들로 태어난 옌 작가는 고등학교를 중퇴하고 20세에 중국인민해방군에 입대하였다. 소설로도 돈을 벌 수 있다는 생각에 군 복무 때부터 작품을 발표하지만 그다지 주목받지 못하였다. 그러다 1992년 발표된, 고민하는 병사의 모습을 그린 '그해 여름의 끝[夏日落]'은 중국 내에서 문학상을 수상하였지만 결국 발매 금지 처분을 받았고 그 때문에 화제를 불러일으켰다.

열 권의 책 중 여덟 권이 중국 내에서 발매 금지 처분을 받을 정도로 그는 '가장 논쟁이 많은 작가', '반체제 작가'로 알려져 있다. 그 때문에 중국 내에서 출판한 소설보다 외국에서 출판된 것이 많으며, 2014년 세계적 권위의 프란츠 카프카상을 수상했다. 아시아에서는 무라카미 하루키에 이은 두 번째 수상자였다. 노벨 문학상 후보로 이름이 오르내리면서 '노벨 문학상에 가장 가까운 중국인 작가(2017년 1월 11일 〈뉴스위크〉 일본판 온라인)'로까지 알려지게 되었다.

"중국의 기묘한 현실 앞에서 문학은 너무나 힘이 없고 무력합니다. 그러나 권력을 뛰어넘는 현실 사회 속에서 설사 존엄이 부정되는 생활을 하더라도 존엄을 견지하면서 소설을 쓰고 싶습니다"라고 옌 작가는 말한다.

2016년 베이징에서 첫 대면한 이 작가는 날카로운 작품 스타일과는 달리 순박한 농민과 같은 인상에 온화한 기품이 있는 남자였다. 그 후도 전화나 위챗을 통해 대화는 계속 이어왔다.

옌 작가는 이렇게 말한다.

"권력 앞에서 문학은 봉사하는 도구가 되어서는 안 됩니다. 이 중국이라는 '현실' 속에서 저는 피를 흘리면서 소설을 쓰고 있습니다. 그러면서도 제가 소설을 계속 쓰는 것은, 그렇게 하는 것이 현실과의 한바탕 싸움인 동시에 인간으로서의 자존심을 지키는 행위이기 때문입니다."

'신실주의(神實主義)'란 무엇인가

김문학 제가 처음 읽은 옌 작가님의 작품은 2005년 홍콩에서 출판된 〈인민에게 봉사한다〉였습니다. 그 당시 일종의 쾌감과 충격을 받았던 것을 지금도 기억하고 있습니다. 그 후 제가 쭉 옌 작가님의 작품에 주목하고 있는 사이, 어느덧 옌 작가님은 중국을 대표하는 세계적 거장이 되셨습니다. 일본에서도 옌 작가님의 소설이 널리 읽히고 잡지나 신문에서 높은 평가를 받고 있습니다. 예를 들어 문예평론가 후쿠시마 료다 씨는 〈작렬지(炸裂志)〉의 서평에서 다음과 같이 격찬하였습니다.

"중국 당국으로부터 수시로 발매 금지 처분을 받으면서도 폭력과 오물, 성애와 권력이 소용돌이치는 중국의 현실을 묘사하려는 그의 작품군은, 빈사 상태에 있는 중국 현대 문학에 강렬한 활력을 불어넣는 것이라 할 수 있다. (중략) 중국의 장대한 문학적 상상력은 폭력이나 오물에도 결코 눈을 돌리지 않았다. 이성을 마비시키는 '폭발'과 '분열' 속에서 생생한 역사를 떠올리는 옌 작가의 역작을 차분히 보시라"(2019년 12월 11일 〈일본경제신문〉)

또 옌 작가님은 일본 독자가 선정하는 '트위터(Twitter)문학상'을 아시아 작가로서는 처음으로 수상했습니다. 일본에서는 "옌 작가의 시대가 도래했다"라는 말이 퍼지고 있어 팬의 한 사람으로서 매우 기쁠 따름입니다.

옌렌커 감사합니다. 하지만 "옌 작가의 시대가 도래했다"라는 말이 맞는지 아직 잘 모르겠네요. 다만 저의 작품이 중국 국내보다 외국에서 더 많이 읽히고 높이 평가되는 것에 대해서는 진심으로 행운이 따라줬기 때문이라 생각하면서 감사드립니다. 특히 같은 아시아권인 일본과 한국에서 크게 인정받았다는 것은 중국 문학 혹은 중국 사회, 정치에 대한 관심이 그만큼 높다는 반증이 아닐까 합니다.

모옌, 자핑와 씨와 같은 선배 작가의 힘으로 현대 중국 문학에 대한 관심의 토대가 마련되었고 이제는 일본에서도 단순하게 정치 이데올로기라든지 발매 금지된 작가라는 단계를 넘어 본질적인 차원에서 중국 문학을 이해하면서 중국 문학 예술에 대한 인식이 높아지고 있는 시대가 된 것이 아닐까 합니다.

또 하나, 일본의 독자나 문예평론가의 문학에 대한 높은 이해력과 관심도 한몫하였다고 생각합니다. 고전에 비해 현대 중국 문학의 매력이 부족한 가운데 제 작품이 애독되고 있다는 말을 들으니 정말로 감사하다는 생각이 듭니다.

김문학 〈정장의 꿈〉, 〈작렬지〉, 〈물처럼 견고하게〉 등을 비롯한 옌 작가님의 소설 속 이야기는 기상천외한 형태로 전개됩니다. 불가사의한 인간이 등장하기도 하고, 꿈인지 현실인지 분별할 수 없는, 경계와 상상을 초월하는 스토리 등은 루쉰이나 카프카, 가르시아 마르케스 등을 연상시키기도 합니다. 하지만 그들과는 성격이 다른 소설적 기법이 독특하다고 생각합니다. 이러한 것이 옌 작가님이 내세운 '신실주의(神實主義)'라 생각됩니다만, 거기에 대해 좀 더 자세히 알려

주시겠습니까?

옌롄커 일상 생활과 사회적 현실을 바탕으로 상상, 우화, 신화, 전설, 환상, 기상천외함 등을 섞는 것이 신실주의의 본질이며, 또 그것을 표현하는 수단이기도 합니다. 신실(神實)에서 '신(神)'은 정신의 신 또는 신령의 신을 말하는 것으로, 그것은 표면적으로 가시화할 수 있는 현상에 있는 것이 아니라 혼이나 정신 속에 깃들어 있는 것을 말합니다.

김문학 현실적 사물의 깊은 곳에 내재하고 있는 '정신이나 혼이 만들어내는 진실, 리얼리즘'이라는 뜻이군요.

옌롄커 예, 맞습니다. 따라서 이것은 단순한 기법에 국한되는 것이 아닙니다. 표현이 어떨지 모르겠지만 서양의 초현실주의를 넘어서는 중국적 양식이라고 말할 수 있습니다. 중국의 현실이 너무나 복잡하고 기괴하기 때문에 신실주의가 아니면 그러한 현실을 달리 표현할 방법이 없기 때문입니다.

중국의 다양성과 복잡성은 세계 어느 나라에도 뒤지지 않습니다. 이로 인해 작가가 거기에서 하나의 이야기를 끌어내는 것만으로도 있는 그대로의 깊고 복잡한 현실 사회를 표현할 수 있습니다. 서양을 흉내낼 필요가 없다는 말이지요.

마오쩌둥 시대의 철칙에 묶여 있는 작가들

김문학 중국의 현실 사회 그 자체가 옌 작가님의 독특한 '신실주의'의 원천이며 그려야 할 주제이기도 하다는 말씀인가요?

옌롄커 예, 말씀하시는 대로입니다. 저는 마오쩌둥 시대의 문화대혁명을 어릴 적에 체험하였습니다. 그 당시부터 저는 '칠흑 같은 밤'의 사회를 보았습니다. 물론 21세기 지금의 중국은 마오쩌둥 시대와는 다릅니다. 14억 국민은 풍요를 누리면서 중국은 세계적으로도 빛나는 나라 중 하나가 되었습니다.

그러나 그 빛 아래서 어두운 그림자와 같은 불안에 싸여 있고, 마음속으로는 추위와 슬픔을 느낄 수밖에 없는 현실을 살아가고 있습니다. 저는 직관적으로 그 속에서 '암흑'이 느껴집니다. 현대 중국의 발전 그늘에 있는 부패, 혼란, 무질서, 도덕의 상실과 같은 그로테스크한 리얼리즘이 중국에서 매일같이 활개를 치고 있습니다.

외국들이 중국을 비웃고 있듯이 중국에는 바가지나 위조가 세계에서 제일 많고, 불가사의한 일이 매일 일어나고 있습니다. 예를 들자면 독이 섞인 가루 우유, 독이 들어간 차, 지구유(地溝油, 지하수나 쓰레기로 만든 식용유) 등은 더 이상 뉴스거리도 되지 않을 정도이지요. 오늘날 중국에서는 누구도 상상하지 못할 기상천외한 불상사나 뉴스가 발생해도 크게 놀랄 일이 아닙니다. 오히려 1주일 동안 아무런 사건이 일어나지 않으면 오히려 그것이 이상한 상태이지요.

김문학 그렇군요. 그야말로 "사실은 소설보다 더 기묘하다"라는 말이 적용되겠군요.

옌롄커 맞습니다. 그리고 지금 중국 내 문학계에는 두 가지 문제가 있습니다. 하나는, 작가들이 현실을 외면하고 있다는 것입니다. 유명한 작가도 현실에 관여하고 싶어 하지 않습니다. 그들은 현실에 관여하지 않고도 위대한 작가가 될 수 있다고 생각합니다.

또 다른 문제는, 문학이 완전히 시장에 지배되고 있다는 것입니다. 그러니까 작가가 자신들의 역할을 진심으로 다 하려 하지 않습니다. 이러한 문학과 현실의 괴리야말로, 중국은 나라는 크지만, 중국 문학이 세계적으로 영향력을 거의 갖지 못하는 진정한 원인이라 생각합니다.

김문학 동감입니다. 현실이야말로 창작의 토대라는 것이 옌 작가님의 생각인 거죠?

옌롄커 바로 그렇습니다. 제가 반복해서 그 점을 강조해 왔습니다. 개혁 개방이 시작된 지 40여 년이 지난 지금 중국 대륙에서의 현실이야말로 작가들에게 미증유의 좋은 작품을 쓸 수 있는 기회를 주었다고 말해왔습니다. 현대 중국에서 일어나고 있는 현실의 모든 것이, 바로 기상천외 그 자체인데, 거기에는 두 가지의 이질적인 사회가 존재합니다. 그중 하나는 정부가 관리, 지배하는 앞면의 사회이고 또 다른 하나는, 도시나 농촌을 불문하고 사람들이 살아가는 뒷면의 사회입니다. 중국인 모두는 그러한 두 가지 사회에서 시계의 진자처럼 살고 있습니다. 모두가 한 손에는 '얼음'을, 다른 한 손에는 '불'을 쥐고 살아가고 있다는 것입니다.

이러한 두 사회에 살아가고 있기에, 지금 중국 사람들의 마음은 뒤틀어져버렸고 그와 동시에 사회도 황폐해졌습니다. 게다가 슬프게도 중국 문학자들은 이 복잡하고 기괴한 현실 사회를 눈앞에 보면서도 진부하고 천박하며 폐쇄적이 되어 비굴한 날들을 보내고 있습니다.

김문학 그것이 중국 문학의 한계라고 할 수 있겠네요.

옌롄커 예, 맞습니다. 우리가 기대하는 유능한 작가들도 이 사회의 현실이 일으키는 모순과 복잡함으로부터 도망쳐버립니다. 이러한 현실이 정말로 답답할 따름입니다.

김문학 납득이 갑니다. 마오쩌둥 시대에 규정한 "문학·예술은 정치를 위해 봉사한다"라는 '철칙'에 아직도 속박되어 있는 것이 아닐까요?

옌롄커 그렇습니다. 그 철칙의 속박에 익숙해져 대부분의 작가는 수십 년 동안 정치와 사회 모순으로부터 거리를 두고 있습니다. 그 결과 정치뿐만 아니라 사회 현실에서도 도피해 있습니다.

김문학 저는 비교문화학자로서 "문화는 푸른 하늘이고 정치는 구름"이라는 말을 캐치프레이즈처럼 사용해 왔습니다. 이것은 말 그대로 "문화는 정치보다 상위에 있어야 한다"라는 의미입니다. 당연히 문학도 정치 위에 존재해야 한다고 생각합니다.

옌롄커 100% 동감입니다. 어디까지나 문학은 정치 위에 있어야 하며 결코 정치에 예속되어서는 안 됩니다. 중국의 문학 예술은 마오쩌둥 시대 이후 정치에 지배되어 왔습니다. 이것이 문제인 것은 말할 필요도 없는 것이고요.

　본래 문학은 정치를 넘어서 존재하여야 하고 현실로부터 도피해서도 안 된다는 것은 논쟁의 여지가 없는 최소한의 규칙입니다. 정치의 눈치를 보지 않고 현실을 묘사하면서 어떻게 정치 위에 작품을 둘 것인지는 사실 작가의 재능과 테크닉에 달려 있습니다. 단순히 용기가 있는가 없는가 하는 차원의 문제가 아닙니다.

코로나 현상을 생생하게 기록한 작가의 용기

김문학 최근, 우한발 바이러스가 세계적으로 확산되면서 패닉 상태가 된 가운데, 우한에 거주하는 여성 작가 팡팡[方方]의 '우한 일기'가 인터넷이나 위챗에서 큰 반향을 불러일으키고 있습니다. 그런데 팡 작가 이외의 지식인이나 작가는, 정부의 은폐 등에 대해 발언도 비판도 거의 하지 않습니다. 옌 작가님은 이것에 대해 어떻게 생각하십니까?

옌롄커 전 세계 대부분의 사람은 중국 작가의 비겁함과 타락을 이해하지 못할 것입니다. 마치 남극권에서 가만히 웅크리고 있는 펭귄들처럼 혹한 속에서 살 수밖에 없는 것이 지금의 중국인과 중국 작가의 처지일 것입니다.

의심할 여지 없이 이번 코로나바이러스는 우한에서 발생한 것이고, 이렇게 세계적 만연하게 된 것은 중국식 사회 체제의 폐해 때문입니다. 그래도 우한 봉쇄 이후, 흩어진 장작을 모아 일제히 불을 지피는 것처럼 중국 전체가 하나가 되어 애국과 구국으로 불타올랐습니다. 순수한 열정과 그로테스크가 하나가 되어서 말이지요.

그러나 문학은 이 역병과 사람들의 수난 앞에서 무력함을 드러냈을 뿐입니다. 전쟁이나 역병이 유행하는 와중에 작가가 '병사' 겸 '기자'가 되어 현장의 모습을 전할 수 있다면, 그 목소리는 총성보다 훨씬 멀리까지 도달할 수 있습니다. 어니스트 헤밍웨이나 조지 오웰이 예전에 한 것처럼 말이죠.

김문학 맞는 말씀입니다.

옌롄커 제가 하고 싶은 말은 작가가 전장에 나아가 반드시 기자가 되어야 한다는 말이 아닙니다. 그보다 중국 작가 중 그 어느 누구도 전장에서 사람이 죽어가는 모습을 보지도, 총성을 듣지도 않았다는 것입니다. 좀 더 구체적으로 말하자면, 사람이 죽어가고 총성이 울리고 있다는 것을 잘 알고 있으면서도 그것을 승리의 축포, 축하의 폭죽이라고 찬양하던 사람들이 바로 중국의 작가였다는 것입니다. 이 얼마나 잔혹하고 황당무계한 일입니까.

이번 팬데믹의 폭풍 속에서 비겁하고 빈약한 중국 작가들은 그저 수수방관으로 일관하였습니다. 더구나 자신이 진실을 말하거나 자신의 견해를 말하지도 못하면서, 다른 사람의 발언에 대해 반대하는 것은 용납할 수 없는 일입니다. 진실을 계속하여 말한 팡 작가와 같은 용감한 문학자를 비난할 권리 같은 것은 누구에게도 없습니다.

김문학 이렇게 중국의 현대 작가가 진실을 말하지도, 그런 사명감을 갖지도 않게 된 원인은 어디에 있다고 생각하십니까?

옌롄커 세 가지 원인이 있다고 생각합니다. 첫째, 권력 앞에서 문학이 단순한 장식품이 되어버린 점. 둘째, 금전 앞에서 문학이 백화점과 노천시장의 값싼 떨이 상품이 되어버린 점. 셋째, 명성 앞에서 영화나 TV의 부속품이나 작가 자신의 신변잡기가 되어버린 점. 이 세 가지에 많은 중국인 작가가 빠졌기 때문에 중국 문학은 실추되지 않을 수 없었던 거지요.

김문학 그렇군요. 중국에는 재능이 넘치는 작가도 많다고 생각합니다만.

옌롄커 그렇습니다. 중국에는 재능 있는 작가가 아주 많이 있습니다.

그러나 중국 문학이 병든 이유는, 권력자가 무엇을 쓰고 무엇을 쓰지 말아야 할지를 정하였기 때문이 아니라, 오히려 작가 스스로가 무엇을 쓸 수 있는지를 분명히 알고 있으면서도 쓰지 않았기 때문입니다. 글 쓸거리는 세계 어디보다 흘러넘치는데도 일부러 이를 외면하고, 진실을 알면서도 거기서 도피하는 것, 그것이 오늘날 저를 포함한 중국인의 성질 중 하나가 되어버렸습니다.

김문학 하지만 그 와중에 옌 작가님은 중국의 현실에 정면으로 맞대응하는 용감하고 양심 있는 작가라는 것을 전 세계가 알고 있지요.

옌롄커 감사합니다. 비정한 말이지만 작가 자신이 문학을 죽이는 파괴자가 되어버린 것이 중국 문학의 현 주소입니다.

끊임없는 중국의 재난은 모두 '인재'이다
김문학 옌 작가님은 2020년 2월 2일, 객원교수를 맡은 홍콩과기대의 인터넷 수업에서 코로나바이러스 만연에 대한 중국 정부의 대응에 대해 비판했습니다. 그와 동시에 그 재난에 대해 실상을 알 권리가 있는 국민은 찬미가를 부를 것이 아니라, 재난을 기억하는 사람으로서 진실을 후세에 전해야 한다고 강조하셨습니다.

옌롄커 문학의 사명 중 하나는, 민족과 국가, 집단의 사회적 실상을 기억하고 그것을 후세에 전하는 것이라고 생각합니다. 기억과 반성이야말로 인간을 규정짓는 중요한 특징이고, 우리를 성숙시키는 이른바 장치라 할 수 있습니다.

이번 코로나바이러스에 의한 전 세계적 재해는 여전히 극복되지 않은 상태이고, 또한 얼마나 많은 사람이 죽었는지조차 정확하게 알지도 못하는 상황입니다. 병원에서 사망한 사람, 병원 밖에서 죽은 사람의 규모는 어느 정도일까요? 이대로라면 철저한 조사도 없이 영원한 수수께끼로 남을 듯합니다. 그러므로 이 재난이 종식한 후, 우리는 죽을 때까지 부끄러움을 느껴야 하고 '우리는 승리자다'라고 자부하는 짓 같은 것은 해서는 안된다고 생각합니다.

김문학 중국에는 100년 전의 국민성과 체질이 여전히 뿌리 깊게 남아 있다 할 수 있네요.

옌롄커 그렇습니다. 중국은 타락하였고 스스로 생각하고 사고하는 능력도 부족하며, 자화자찬만 하는 정신승리적 성격이 중국인의 국민성이라고 할 수 있습니다. 현재의 정치 체제 하에서 중국인은 항상 상부로부터 무엇을 말하고 무엇을 기억해야 할지 명령받고 있습니다. 그렇다면 왜 중국인의 삶, 중국의 역사에 개인, 가정과 사회, 국가적 비극과 재난이 끊임없이 이어지고 있는 것일까요? 왜 그러한 재난과 비극이 일어나면 항상 무수히 많은 농민의 희생으로 귀결되는 걸까요?

물론 거기에는 여러 가지 원인이 있지만, 그중 하나로 중국인의 기억력과 반성력이 상실된 점을 들지 않을 수 없습니다. 예를 들어, 에이즈 혹은 사스나 이번에 발생한 코로나바이러스 등 끊임없는 중국의 재난은 모두 인재입니다. 구체적으로는 1976년의 탕산[唐山] 대지진이나 2008년의 쓰촨[四川] 대지진과 같은 천재지변이 있을 때도 비슷한 인위적인 요인이 배후에 있었습니다. 사스와 코로나바이러스가 만연되는 양상은 한결같이, 마치 같은 감독이 같은 비극 영화를 다시 찍은 것 같은 느낌이 들 정도입니다.

김문학 그런 측면에서 보면 앞서 언급한 팡 작가는 진정으로 용감하고 양식 있는 작가라는 생각이 드는군요.

옌롄커 만약 이번에 팡 작가의 기록이 없었다면, 그리고 많은 사람이 스마트폰으로 슬픔과 도움을 요청하는 생생한 현실의 목소리를 전하지 않았다면, 우리는 그 진상을 전혀 알지 못하였을 것입니다.

김문학 작가로서 이번 건에 관한 메시지를 발신한다면 그 내용은 어떤 것이 있을까요?

옌롄커 언젠가는 코로나 폐렴이 종식할 것입니다만, 그때 중국의 승리를 갈구하는 대합창 속에서 중국인이 자신의 머리와 사고를 가진 인간으로서 반성하는 사람, 자신이 품고 있던 의문을 제대로 발신할 수 있는 사람, 이 재난을 기억하여 후세에게 전하는 사람이 되었으면

합니다. 값싼 승리를 노래하기보다는, 기억하고 반성하는 것이야말로 지금 중국인이 반드시 해야 할 일인 것입니다.

김문학 제가 감탄하고 있는 것은, 작가로서의 옌 작가님은 탁월한 작품을 창작하는 것뿐만 아니라 국민의 한 사람으로서도 정의감이 넘쳐나는 '용사'라는 것입니다. 2011년, 베이징에서 구입한 아파트가 지방 관료에 의해 무리하게 철거되기 시작했을 때, 옌 작가님은 서른아홉 호 주민을 대표하여 당시의 국가 주석인 후진타오에 진정서를 제출하셨지요. 작가 가운데 그렇게 용감한 행동을 취할 수 있는 사람은 없을 것이라고 생각합니다. 그리고 허난성의 에이즈 마을을 위해 기부한 것도 화제가 되었고요. 작품뿐만 아니라 사람들의 고난을 대변하는 대변자로서 실제로 체제와 싸우고 계신 옌 작가님의 모습은 아름답다고 생각합니다.

옌롄커 감사합니다. 그렇지만 어떤 면에서는 저도 겁쟁이고 권력을 숭배하는 타협적인 인간에 불과합니다. 저는 농민의 아들로 태어나 자랐고 가난 때문에 고등학교를 중퇴하고 중노동을 하면서 밑바닥 인간의 고난과 고통을 충분히 맛보았습니다. 그 고난에서 벗어나기 위해서 군에 입대하였고, 매일 계란 볶음을 먹고 싶어 작가가 되려고 하였으니까요. 그때가 1975년이었습니다.

1977년, 대학 수험 제도가 부활하였을 때 한 번 시험에 응시하였으나 떨어졌고 다음 해, 인민해방군에 입대하였는데 그것을 계기로 마침내 농촌에서 빠져나올 수 있었습니다. 1979년, 데뷔작이 된 단편 소설을 발표하였고 원고료는 고향의 아버지에게 송금하였지요.

자기 자신과 시류, 체제에 항상 저항한다는 것의 의미

김문학 옌 작가님은 중국의 민족주의에 대해 어떻게 생각하십니까?

옌롄커 중국에서는 혁명이나 캠페인 등이 일어날 때면 사람들의 피속에 흐르는 내셔널리즘이라는 편협한 민족주의가 폭발하곤 합니다. 1950년대의 대약진 시대에 그랬고 3년 안에 영국과 미국의 경제를 따라잡겠다고 선언하였을 때도 극단적인 애국주의 내셔널리즘이 출현하였습니다.

그러나 농촌이나 도시를 가릴 것 없이 온통 비현실적인 노르마를 쫓는 것이 다였습니다. 결국 인민의 생활은 피폐하였고 수천만 명이 아사했습니다. 중국의 내셔널리즘은 비참한 비극으로 귀결되었다 말할 수 있습니다. 저는 이전에는 그다지 의식하지 못하였지만 2013년에 발표한 〈작렬지〉를 쓸 무렵부터 내셔널리즘에 따른 비극을 주목하게 되었습니다.

최근 일본이나 한국과의 외교적 마찰이 있을 때마다 과격한 내셔널리즘에 의한 반일 폭동, 반일·반한 캠페인 등이 들끓었지만 그 모두는 극히 유치한 행동에 불과한 것이었습니다. 관민 모두가 그 점에 대해서는 깊게 반성해야 합니다.

김문학 이런 국민성은 100년 전부터 비판받고 있던 것 아닐까요?

옌롄커 맞습니다. 루쉰이나 중화민국 시대의 저널리스트 량치차오[梁啓超] 등과 같은 엘리트 지식인들은 그러한 중국인의 국민성을 반복적으로 비판해왔습니다. 그런데 안타깝게도 중국인의 그러한 국민성은 거의 변하지 않았습니다.

　김문학 씨는 중국, 일본, 한국의 동아시아의 문화를 비교하는 학자이기 때문에 잘 알고 계시리라 생각합니다만, 일본인과 한국인의 국민성이나 교양과 비교해 보면 중국인의 그것은 너무나 뒤떨어져 있습니다. 개혁 개방 후 40년이 지났지만 중국인은 변하기는커녕 어떤 의미에서는 오히려 퇴보하였다고 생각합니다.

김문학 옌 작가님은 자신을 어떤 작가라고 생각하십니까?

옌롄커 저는 저항가 타입 작가라고 생각하고 있습니다. 여기서 저항이란 우선 자신 자신에 대한 저항입니다. 창작을 계속하는 가운데 끊임없이 자기 자신에 저항하고 있습니다. 그리고 시류, 세상, 현실과 체제에 대해서도 저항하고요. 내향적이면서도 외향적 저항가로서 작품을 창작하고 현실과 체제의 부조리, 황당무계함을 비판하며 경종을 울리고자 합니다. 저는 영원한 저항가이고 싶습니다.

김문학 현재 옌 작가님을 '노벨 문학상에 가장 가까운 중국인 작가'라고들 합니다. 이것에 대해 어떻게 생각하십니까?

옌롄커 노벨상은 2012년에 모옌 씨가 받아서 기뻤습니다. 솔직히 말하자면 저는 수상에 대한 욕망은 그다지 크지 않습니다. 수상 여부는 작가가 생각할 일이 아니라 봅니다. 작가가 할 일은 외부의 영향을 받지 않고 자신의 창작에 몰두하는 것이고 그 이외의 것은 운명에 맡기면 된다고 생각합니다.

김문학 옌 작가님은 최근 "나는 이미 60세가 지났고 재능은 고갈된 것 같다"라면서 약한 말씀을 하였는데 그 이유는 무엇입니까?

옌롄커 이제 5~6년 정도 지나면 중국 문학은 정말 없어져버릴지도 모릅니다. 실제 위대한 문학의 시대는 이미 그 종말을 고하였습니다. 지난 3년에서 5년 사이, 중국의 문단에서 무엇 하나 위대한 작품이라 할 만한 작품이 나오지 않았습니다. 가장 많이 활약한 1950~1960년대에 출생한 작가는 이미 50세를 넘어 70세 가까운 사람도 있습니다.

그런데 그들의 작품은 과거의 작품보다 퇴화하고 있는 것 같습니다. 그래서 저는 한때를 구가하였던 위대한 문학 시대는 이미 끝났거나 종말을 맞이하고 있다고 생각합니다. 제가 이런 발언을 하면 많은 친구나 작가가 기분 나빠한다는 것을 잘 알지만 그것은 사실이라 확신합니다. 관점을 달리하여 보면, 이 문학의 교체기는 오히려 1970~

1980년대생 작가에게는 좋은 공백기라고 생각됩니다. 그들은 지금 가장 재능을 발휘할 수 있는 시기에 있기 때문에 앞 세대를 뛰어넘는 작품을 쓸 수 있으리라 기대합니다.

김문학 그렇다면 옌 작가님은 '문학의 미래'에 절망하고 있는 것만은 아니라는 말씀이시지요?

옌롄커 맞습니다. 제가 앞서 한 말의 진의는, 새로운 문학의 시대가 오면 그 전의 문학은 자연스럽게 그 끝을 맞이한다는 것입니다. 그 다가오는 끝에 대해 저는 지금부터 준비하고 있습니다.

김문학 뭔가 신작을 구상하고 계신다는 말씀입니까?

옌롄커 예, 저는 군에 2년간 복무한 경험을 살려 군대를 주제로 한 작품을 쓸 예정입니다. 중국의 군대 문학에는 전통적인 사실주의와 영웅주의, 애국주의가 혼재되어 있습니다. 그것을 바탕으로 저는 인간의 부조리와 권력, 부패 속의 현실을 표현하고 싶습니다

국민 희생의 대가로 증가하는 'GDP 신화'
중국을 견인하고 있는 경제학 제1인자의 한숨

마오위스[茅于軾]

- 티엔제경제연구소[天則經濟研究所] 창설자, 경제학자
- '중국 경제학계의 루쉰'으로 불리는 현대 중국에서 가장 영향력 있는 경제학자 중 한 명
- 1929년 장쑤성[江蘇省] 출생
- 1950년 상하이교통대학 졸업 후 기관차 운전사, 엔지니어 등으로 근무. 그 후 문혁에 의해 공장 노동 등에 동원되는 가운데 미시경제학을 독학
- 1979년 '최적 배분의 이론' 발표
- 1984년 중국 사회과학원 미국연구소의 연구원으로 도미
- 1993년 퇴직 후 개혁파 경제학자의 거점이 된 독립 민간 싱크 탱크 티엔제경제연구소를 설립하여 소장으로 취임
- 2012년 자유를 추진한 인물에게 주어지는 '밀턴 프리드먼 자유상' 수상
- 1914년 영국의 잡지 〈프로스펙트(Prospect)〉의 '세계의 사상가 2014 (World Thinkers 2014)' 톱10으로 선정
- 주요 저서 : 〈택우분배원리(擇優分配原理)〉, 〈중국인의 도덕적 미래〉, 〈우리가 부자가 되는 것을 방해하는 사람들〉, 〈현대 경제학의 과제〉, 〈생활 속 경제학〉 등 다수

마오위스[茅于軾] 소장과의 인터뷰는 베이징 시내 그의 집에서 열렸다. 마오 소장에게서는 신사적 매력이 있는 '어른'의 분위기가 느껴졌다. 90세에 가까운 고령임에도 불구하고, 70대 정도의 젊음과 깔끔함이 엿보였다. 옛날부터 알고 지내온 온화하고 자애로운 지인같은 느낌이었다. 마오 소장은 현대 중국에서 가장 영향력 있는 경제학자로서 국제적으로도 명성이 자자한 분이다. 2012년 미국 워싱턴의 싱크 탱크 케이트연구소로부터 '밀턴 프리드먼 자유상'을 수상하였다. 그 이유는 다음과 같았다.

"마오위스 씨는 중국에서 개인의 권리와 자유 시장 경제를 적극적으로 주창하는 사람 중 한 명으로, 개방적이고 투명한 정치 제도를 제창하면서 중국이 계획경제에서 자유시장경제로 전환하는 과정에서 가장 중대한 공헌을 하였다."

마오 소장은 경제학계에서의 공헌은 말할 것도 없고 과감하게 진실을 밝히는 발언으로 정신적 기수로서 중국에서 지식인과 일반인 모두로부터 존경받고 있다. 물론 반체제적인 발언을 많이 하는 그를 '한지엔[漢奸, 매국노]' 등으로 매도하는 사람도 적지 않다.

내가 마오 소장을 처음 알게 된 것은 시장경제가 발전함에 따라 중국 사회가 도덕적으로 황폐화되고 있다는 그의 유명한 저서 〈중국인의 도덕적 미래(1997년)〉를 읽을 때였다. 인터뷰 1년 전부터 본서에도 등장하는 저명한 평론가, 우스[吳思](열한 번째 이유 참조) 씨를 통해 마오 소장과 전화로 일정을 정하고 나서야 비로소 이 대담이 성사되었다.

중국의 경제 발전을 방해하는 요인

김문학 마오 소장님의 경력을 보면 매우 독특하다는 생각이 듭니다. 상하이교통대학의 기계학과를 1950년 졸업하고 난 뒤, 중국 동북부 하얼빈의 철도국 기사로서 차량 연구 등에 종사하셨고, 문혁 기간에는 산시성[山西省]의 다퉁[大同]에 7년간 시아팡[下放]되어, 칭창[青藏], 칭하이성[青海省]~시장[西藏]=티베트] 철도 건설에 동원되기도 하셨군요. 이처럼 경제학 전공도 아닌데 어떻게 경제학 연구의 길을 걷게 되셨나요?

마오위스 제가 경제학에 관심을 갖게 된 계기는, 1950년대의 계획경제 시대에 철도의 경제성을 어떻게 평가할 것인가라는 문제 의식으로부터 시작되었습니다. 당시 경제학자들은 모두 마르크스의 '자본론'을 인용하거나 이데올로기 측면에서 경제를 해석하고 있었습니다. 한편 저는 원래 기계공학 연구자였기 때문에 그런 이데올로기의 틀에 얽매이지 않았던 것이지요.

실제 경제학은 추상적 개념을 열거하는 것뿐만 아니라 수리를 기초로 전개하는 학문입니다. 중국의 경제학자들이 정치적 이데올로기에 함몰되어 있었지만, 저는 학문이라는 것은 정치로부터 거리를 두어야 한다고 생각하고 있었습니다.

김문학 마오 소장님이 '최적 배분의 이론'을 내세운 것은 1979년, 50세 무렵이었던 것으로 알고 있습니다. 그 당시 아직 쇄국 상태였던 중국의 학문적 환경에서 소장님은 세계 경제학 연구의 최첨단에 서 계셨습니다. 이 '최적 배분 이론'에 대해 설명해 주시겠습니까?

마오위스 거시경제학의 핵심 연구 주제 중 하나가 적은 자원을 어떻게 효과적으로 분배할 것인지에 대한 문제입니다. '최적 배분의 이론'이란 자원 배분에 있어 최선의 원칙이 무엇인가를 추구하는 것입니다. 계획경제 체제 아래서는 자원의 효과적인 배분과 조정이 되지 않아 큰 낭비와 효율성 저하가 초래되기 때문에 우리가 나아가야 할 길은 시장경제밖에 없다는 것입니다. 시장경제를 도입하면 실제로 계획경제보다 부를 국민에게 최적으로 분배할 수 있다는 것을 그 이론에 의해 증명하였습니다.

김문학 소장님은 언제 중국 경제 개혁의 방안을 연구하려고 했습니까?

마오위스 최적 배분의 이론을 발표한 뒤 1984년 당시 근무하던 철도성 과학연구원에서 중국 사회과학원 미국연구소로 이동했을 때 저는 중국 경제학계의 변화에 헌신하기로 결심하였습니다. 당시 미국연구소 소장이던 리선즈[李愼之, 1923~2003, 당시 중국을 대표하는 리버럴파 지식인] 선생과의 만남은 제 인생을 바꿀 정도의 큰 사건이었습니다. 고맙게도 리선즈 선생이 "미국 경제에 관한 논문 몇 편만 발표하면 되니까 나머지 시간은 자유롭게 연구해도 좋다"라고 말씀해 주셨습니다.

그 결과 미국연구소 재직 10년의 연구 성과 중 3분의 2는 중국 경제 개혁에 관한 것이었습니다. 이들 연구가 중국 개혁에 다소나마 기여하였다고 자부하고 있습니다. 이와 같이 자유로운 연구 환경에 몸을 두고 있는 사이, 저는 스스로 리버럴한 지식인이라 자부하면서 그 역할을 해야 한다고 생각하게 되었습니다. 그리고 보다 열린 생각과 시야를 항상 염두에 두면서 중국의 경제계와 사상계의 변혁을 시도해 온 것입니다.

김문학 그러셨군요. 그 후 1993년, 소장님은 중국에서 가장 큰 민간 싱크 탱크인 티엔제경제연구소를 창설하셨습니다. 연구소 이름인 티엔제[天則]는 무슨 뜻인가요?

마오위스 '티엔제[天則]'란 〈시경(詩經)〉에 등장하는 '천생서민, 유물유칙(天生庶民, 有物有則, 하늘이 서민(庶民)=만인(萬人)을 낳으면 거기에는 법과 규칙이 있게 된다)'라는 글귀에서 따온 것입니다. 이 명칭은 싱크 탱크에 모이는 경제학자들이 경제학 개혁을 목표로 하고 있음을 나타냅니다. 처음에는 성홍[盛洪, 1954년생의 자유주의 경제학자] 씨가 소장을 맡았으나 1993년 가을, 시카고대학에서 재외 연구를 하게 되었기 때문에 제가 맡게 되었습니다.

연구소에서는 중국 정치 개혁의 일환으로, 자유와 인권 문제 연구, 경제에 관한 티엔제포럼을 개최하는 등 다양한 활동을 하였습니다.

이른바 상아탑에서 벗어나 경제학의 산업화에도 힘을 쏟고 아시아 개발은행 등 다양한 세계적 기관과 함께 연구도 진행하였습니다. 안타깝게도 2019년, 시진핑 정권에 의해 연구소는 폐쇄되고 말았습니다.

김문학 마오 소장님의 큰 신조 중 하나가 "중국인에게 부가 다가온다"인 것으로 알고 있습니다만.

마오위스 저는 지금까지 많은 선진국과 개발도상국을 방문하였고 중화민국, 중화인민공화국, 개혁 개방이라는 세 가지 시대를 다 경험하였습니다. 그런 점에서 경제학자로서 제가 가장 깊게 관심 갖고 있는 주제는, 중국의 경제 발전을 저해하고 빈곤을 초래하는 원인이 무엇인가라는 것입니다. 물론 중국인이 질서도 지키지 않고 거짓말을 일삼으며 능력이 저열한 것도 문제인 한편 중국 공산당 일당 독재 체제도 틀림없이 큰 문제입니다.

실제 개인의 물질적 풍요는 본인이 창조한 가치뿐만 아니라 사회 전체를 구성하는 사람들의 일의 질과 효율과도 연관됩니다. 경제학 관점에서 보면 인위적인 불합리가 잠재적 생산력을 저해하고 노동력을 효율적으로 사용할 수 없게 만듭니다. 게다가 그것은 타인의 노동의 성과에도 오히려 악영향을 미치게 됩니다. 이러한 것들이 합쳐져 국가 전체의 부를 좀 먹고 개인 소득 증가에 방해가 됩니다. 그러므로 중요한 것은 자유 시장 시스템에 의한 자원 분배 방식으로 변경할 필요가 있다는 것입니다. 다만 이를 위해서는 재산의 소유권을 명확히 할 필요가 있는 것이고요.

모든 경제 활동은 도덕의 토대 위에서 이루어진다

김문학 소장님은 중국 정부가 추구하는 이른바 'GDP 신화'에 대해 어떻게 보십니까?

마오위스 화폐이론과 경기순환이론 등이 각광받으면서 1974년 노벨경제학상을 수상하는 한편, 자유주의 신봉자이자 반공을 강력히 호소한 사상가인 프리드리히 하이에크는 그의 저서 〈노예의 길〉 등에서 한 나라의 경제는 국민의 인간성, 정신과 큰 상관 관계가 있다고 지적하였습니다.

결국 국가가 과도하게 경제를 관리하여 발생한 문제를 소련의 붕괴를 통해 설명하면서 전체주의 국가에 의한 계획경제의 폐해를 비판하였습니다. 전체주의는 '인간을 노예처럼 혹사하는 길'이라고 갈파하였습니다.

김문학 조지 오웰의 〈1984〉도 같은 주제라 할 수 있겠군요.

마오위스 그렇습니다. 1944년, 하이에크가 〈노예의 길〉을 쓴 이유는 파시즘에 경종을 울리기 위한 것입니다. 그러나 전후에도 그 유효성은 여전합니다. 왜냐하면 중국과 소련이 전체주의적 체제 하에서 계획경제를 추진하였기 때문입니다. 그 소련은 1991년에 붕괴되었습니다. 한편 중국의 계획경제도 막다른 골목에 다다랐기 때문에 1978년 덩샤오핑이 시장경제로 궤도를 수정한 것입니다. 이로 인해 중국 경제사에서 그 유례를 찾아볼 수 없는 성과를 거두었습니다.

물론 GDP 수치는 중요합니다. 문제는 GDP만을 추구하면 돈벌이에만 몰두하면서 다른 사람에게 상처를 입힐 수 있다는 것입니다. 원래 시장경제는 타인을 해치지 않는 것이 기본입니다. 그러나 현재 중국에서는 가난한 사람들을 무자비하게 혹사하면서 그들에게 일방적으로 손해를 떠넘기는 일이 너무나도 많이 일어나고 있습니다. 이러한 상황을 보면 중국의 상황은 선진국과는 아직도 상당한 거리가 있다고 말할 수밖에 없습니다.

김문학 일본의 상업과 경제에서 구매자도 좋고 판매자도 좋아 세상도 좋다는 '삼포요시[三方よし, 삼자 모두 좋다]' 원칙이 있습니다. 그래서 100년 이상 계속되는 노포의 수가 세계에서 제일 많고 창업 200년이 넘은 기업의 수도 4,000을 넘는 등, 일본 기업은 '장수(長壽)'를 자랑하고 있습니다. 그중에는 창업한 지 1,400년이 넘는, 세계에서 가장 오래된 주식회사 곤고구미[金剛組]도 있습니다.

마오위스 대단하네요. 그러니 우리 중국은 일본을 배워야 합니다. 타인을 희생하게 하는 GDP는 큰 문제라는 한 마디로 귀결될 것입니다. 다른 사람에게 상처를 입힌다면 그것은 이미 도박과 같은 것입니다.

사실 자신만 벌고 상대에게는 손해를 입히는 것은 진정한 승부가 아닙니다. 자신과 상대, 모두가 돈을 버는 GDP야말로 진정으로 의미 있는 것입니다.

이를 위해서도 기본적으로 모두가 이익을 얻을 수 있는 시장경제를 온전히 시행할 필요가 있습니다. 게다가 중국은 지금 'GDP신화'를 강조하면서 경제의 활성화를 외치고 있습니다만, 정치 체제적으로도 계획경제로 다시 돌아갈 가능성도 배제할 수 없는 상황입니다.

김문학 소장님은 경제학자인 동시에 중국인의 도덕과 국민적인 소질에 대해 일찍부터 질문을 던지고 있습니다. 왜 도덕에 관심을 갖게 되셨습니까?

마오위스 저는 '시장경제는 도덕 경제'라고 생각합니다. 왜냐하면 경제 활동은 도덕의 토대 위에서 이루어지기 때문입니다. 이것이 저의 출발점입니다. 1987년 미국에서 귀국 후 중국을 살펴보니 경제에서는 개혁 개방으로 큰 발전을 이루었지만, 사람들의 윤리관과 도덕심은 문혁으로 파괴되어 엉망이었습니다. 공산주의적인 도덕조차 위기에 직면하고 있었고 사회의 공중도덕도 완전히 쇠퇴해 있었습니다. 그래서 저는 도덕이 경제 발전에 기여하는 것만은 아니라고 생각하며 고민했습니다. 그리하여 1989년, 그러한 내용을 호소하는 책을 집필했습니다. 하지만 천안문 사건이 발생하였기 때문에 출판이 늦어져 1996년에 겨우 정식으로 간행할 수 있었습니다.

김문학 소장님은 그 책에서 단순한 설교를 하신 것이 아니라 풍요로운 실례를 제시하면서 도덕 문제를 논하셨지요.

마오위스 예, 그렇습니다. 중국에서 3월 5일은 '레이펑의 날'입니다. 레이펑[雷鋒]은 사람의 이름으로 봉사 활동을 계속하다 인민해방군 복무 중 젊은 나이에 순직한 사람입니다. 중국인에게는 자원 봉사 정신의 상징이라 할 수 있는 인물이지요.

이 레이펑에서 배워 이타의 정신으로 타인을 돕는 것은 나쁜 일이 아닙니다. 모두가 레이펑과 같은 사람이 된다면 사회도 분명 나아질 것입니다. 그런데 중국에서는 어떤 사람이 레이펑이 되더라도 다른 사람까지 레이펑이 되지는 않을 겁니다. 주위는 모두 레이펑의 선의에 단지 무임 승차하여 이용하려들 것입니다. 이러한 상황은 매우 심각한 것입니다. 도덕에는 인간이 서로 대등하지 않은 경우와 대등한 경우의 두 종류가 있다고 생각합니다.

그럼 대등하지 않은 경우의 도덕이란 무엇일까요? 예를 들어, 부자와 가난한 사람, 강자와 약자, 윗사람과 아랫사람처럼 권력과 경제력 등에 있어 큰 차이가 있는 상황입니다. 그 경우 부자, 강자, 윗사람은 곤궁에 처한 가난한 사람, 약자, 아랫사람을 도와야 합니다. 이것이 대등하지 않은 경우의 도덕입니다.

한편 대등한 경우의 도덕이란 무엇일까요? 예를 들어 어떤 은행이 파산한다는 소문을 들었다고 합시다. 도덕이 있으면 그 은행과의 관계를 생각하여 제대로 된 정보를 확인하기 전까지는 은행 창구로 직행하는 행위 같은 것은 하지 않을 것입니다. 그런데 도덕이 없으면 사람들은 은행 창구로 달려가 앞다퉈 예금을 인출할 것입니다. 그렇게 된다면 제 아무리 성실하게 경영되던 은행이라도, 소문의 진위도 확인되지 않은 상태에서 분명 망가져버릴 것입니다. 은행과 고객이라는 대등한 관계 하에서도 도덕은 필요합니다.

개혁 개방 40년 만에 알게 된 세 가지 성과와 세 가지 결함

김문학 소장님의 중요한 지적 중 하나가 '인간과 인간의 등가 관계'군요.

마오위스 1997년 제가 티엔제경제연구소에서 제기한 것을 간단히 말하자면, 개인이란 원래 사회의 일원으로 그 어느 누구도 타인보다 뛰어난 지위에 있는 것은 아니라는 것입니다. 수학의 집합론적 등가 개념으로 인간 관계를 해석하였습니다. 이러한 등가 관계에는 인권, 즉 생존권, 프라이버시권, 언론의 자유 등이 포함됩니다. 이들 모두는 보편적 인류의 가치입니다.

한편 특정한 권리를 이용하여 인권을 무시하거나 유린하는 사람들도 있습니다. 그것이 바로 특권입니다. 특권 계급의 백미는 다수가 아니라 소수만이 그것을 즐길 수 있다는 것입니다. 중국 공산당 정부는 특권 계급의 전형이라고 할 수 있습니다. 그들은 대다수 사람의 인권을 짓밟고 있습니다. 그뿐 아니라 현재의 중국 공산당 정권 하에서는 인권이라는 말조차도 아직 사람들의 손이 닿지 않는 곳에 있는 사치품입니다. 특권 계급만이 제 마음대로 할 수 있는 불평등 사회에서는 특권 계급이 일반 노동자를 혹사하고 착취합니다. 그로 인해 다양한 부패도 발생하게 됩니다.

김문학 실제로 중국 개혁 개방도 처음부터 "검은 고양이든 흰 고양이든 쥐를 잡는 고양이가 좋은 고양이다"라는 실리 지향의 논리로 돈만을 추구하게 되면서 공평성은 무시되었습니다. 개혁 개방이 시작된 지 40년이 지나고 있는데, 중국은 인권과 평등 문제를 극복하면서 민주적인 법치 국가로 나아갈 수 있을까요?

마오위스 중국 개혁 개방 40년의 성과에는 세 가지가 있습니다. 첫째, 국민의 소득이 증가한 것입니다. 두 번째는 조금이나마 사회의 자유도가 증가한 것이고 세 번째는 세계를 알 수 있게 된 것입니다. 한편 결함도 세 가지 있습니다. 그 첫째는 인치(人治)에서 법치(法治) 사회로의 변혁이 정체된 것이고 두 번째는 여론 감시 시스템이 구축된 것, 세 번째는 정부가 이익만을 우선하는 어리석음을 보이고 있다는 것입니다. 이러한 연유로 김문학 씨의 질문에 대한 대답은 '불확실'이라 할 수 있습니다. 세계적으로 보면 전체주의에서 민주화로의 전환에 성공과 실패, 그 각각 사례가 있으므로 그것을 깊이 연구할 필요가 있습니다.

핵심은 공산당 정권과 일반 대중의 관계를 어떻게 개선할 것인가라고 생각합니다. 정부가 슬로건으로 내세우는 '위인민복무(爲人民服

務, 인민에게 봉사한다)'처럼 좀더 관용적인 태도로 인민에게 봉사하고 더 부드럽게 접하게 될 때까지 인민은 인내심을 가지고 기다려야 한다는 것입니다.

그것이 실현될 때 비로소 민주 사회가 되었다고 할 수 있습니다. 저는 중국이 그렇게 되는 데는 수십 년부터 100년 이상이 걸릴 것으로 예상하고 있습니다. 다만 중국인은 40년에 이르는 개혁 개방 속에서 경험을 쌓은 데다 수천 년의 지혜와 문명을 가진 민족이라는 것을 생각해 보면 결코 비관할 일도 아니라 봅니다.

김문학 저의 저서 〈진화할 수 없는 중국인〉에서도 지적했지만 현재 중국인은 물질적인 재화는 늘어났음에도 불구하고 그와는 정반대로 정신적으로 빈곤해졌고 국민성도 퇴화해버렸습니다. 중국의 엘리트 지식인과 대담해 보면 그들도 정신의 위기, 신앙의 위기에 빠진 중국인의 실태를 걱정하고 있었습니다.

마오위스 말씀하시는 그대로입니다. 현재 중국 사회의 문제는 공통의 가치관이 없다는 것입니다. 게다가 중국인은 아무렇지도 않게 거짓말을 하고 기본적인 사실이나 진실을 인정하지 않습니다. 또 진상을 은폐하면서도 자신에게 유리한 것은 부풀려 과장합니다. 이는 진실을 말하는 것이야말로 가치 있는 것인데 중국 사회에 도덕적 측면에서, 체제적인 측면에서 그런 가치가 결여되어 있기 때문에 나타난 현상이라 할 수 있습니다.

인터넷상의 폭언을 증폭시키는 해독의 저주

김문학 이러한 도덕적 위기의 근원은 어디에서 비롯된 것일까요?

마오위스 원인은 다양하지만 가장 중요한 것은 진실을 말할 수 없는 것입니다. 본심을 말할 수 없는 사회가 어떻게 진보할 수 있겠습니까? 중국에서는 사실을 말할 때 용기가 필요하며 자칫 잘못되면 큰 희생을 치를 수도 있습니다. 언론의 자유는 인간의 보편적 도덕임에도 불구하고 중국 공산당이 이를 탄압하거나 저지하는 것은 어리석다고밖에 볼 수 없습니다.

김문학 중국인의 공산주의 신앙은 뿌리 깊게 남아 있는 것일까요?

마오위스 글쎄요. 지금의 시대에는 공산주의 신앙 같은 건 더 이상 필요하지 않습니다. 중국 공산당 내부에도 정말 공산주의를 신봉하는 자는 과연 얼마나 있을까요? 저는 중국 공산당에서 탈당하고 싶어요. 리버럴한 지식인 중에는 저와 같은 생각을 가진 사람이 많아요.

김문학 그런 소장님에 대해 인터넷상에서는 최대의 매국노, 민족의 반역자 등과 같은 엄청난 비방 중상이 있는데요. 어떻게 대응하고 계십니까?

마오위스 어쩔 수 없죠. 기본적으로 그냥 무시합니다. 저에게 유익한 비판은 얼마든지 환영합니다만, 대부분은 함부로 저를 모욕하거나 매도하는 것들이지요. 그들은 교양도 없고 도덕심도 없어 인터넷에서 그런 공격밖에 할 수 없다고 생각하니 오히려 그들이 불쌍합니다. 말하자면 자신의 불만을 토해내고 있는 것에 불과한 것이지요.

김문학 그들은 왜 그토록 폭언을 뱉어내는 것일까요?

마오위스 이성이 결여되고 생각이 너무나 단순하기 때문에 쉽게 극단적으로 됩니다. 그 이유는 초등학교 교육과도 관계가 있습니다. 비뚤어진 계급 투쟁 교육을 받았고 최근에는 극단적인 애국주의 선전에 의해 자국은 모든 게 옳다고 생각하며 과거의 문제를 반성할 기회조차 주어진 적도 없는 데다 타국에 대한 잘못된 인식까지 심어졌기 때문입니다. 또한 초등학교 교육에서 타인의 의견을 존중하는 교육이 부족합니다. 문화대혁명의 해독이 아직도 남아 있다는 것입니다.

김문학 맞습니다. 인터넷에서 사람들이 폭언을 토하는 이유는 알겠습니다만, 대학 교수나 지식인 중에서도 낮은 수준의 인신 공격을 하는 사람이 적지 않습니다.

마오위스 그들은 다른 사람의 사고와 식견이 자신들보다 뛰어난 것에 대해 질투하는 것에 불과합니다. 무지한 데다 마치 야쿠자 같은 지식인도 있으니까요. 한심하지만 이것이 지금 중국이 처한 현실입니다.

김문학 체제로부터의 탄압도 심하지요.

마오위스 2013년 공개된 중국 공산당의 프로파간다 영화에서는 저를 서쪽 세력에 아첨하는 지식인이라 규정하면서 규탄하였습니다. 마침 공개 당시 김문학 씨의 고향인 선양[瀋陽]과 후난성의 창사[長沙]에서 강연이 예정되어 있었지만 괴롭힘 전화와 항의가 쇄도했기 때문에 그만두었습니다. 선양에서는 저를 반대하는 사람들이 "마오위스 반공 선동 강연에 반대한다"라는 현수막을 내걸고 시위를 하였습니다. 정말로 그냥 웃고 넘어갈 수 있는 일이 아니었지요. 하지만 저는 지금도 굴복하지 않고 비판적인 자세를 견지하고 있습니다. 왜냐하면 저에게는 지식인으로서의 사명감이 있으니까요.

풍요로운 사람을 위해 말하고 가난한 사람을 위해 행동한다
김문학 소장님 말씀 중에 "풍요로운 사람을 위해 말하고 가난한 사람을 위해 행동한다"라는 말이 유명한데요.

마오위스 지금 빈곤층을 위해서 발언하는 사람은 많지만 풍요로운 사람을 위해서 말하는 사람은 거의 없습니다. 한편 풍요로운 사람을 위해 일하는 사람은 많은 반면 가난한 사람을 위해 일하는 사람은 적지요. 그 이유는 간단합니다. 빈곤층은 약자들의 모임이기 때문에 그들을 위해 대변하면 사회로부터 칭찬을 받게 되지요. 그러나 풍요로운 사람을 위해 발언하는 것은 중국에서는 어렵습니다. 왜냐하면 중국에서는 마르크스 이론의 영향으로 풍요로운 사람들은 착취자로 쉽게 간주되기 때문입니다.

반면 풍요로운 사람을 위한 일은 노동 보상을 많이 받을 수 있기 때문에 모두가 하고 싶어 합니다. 결과적으로 풍요로운 사람을 위해 발언하고 빈곤한 사람을 위해 일하는 사람은 매우 적습니다. 다만 여기서 말하는 풍요로운 사람은 물론 성실하게 사업하여 성공한 사람을 말하는 것입니다. 풍요로운 사람의 이익과 재산은 보호되어야 합니다. 중국인은 오랫동안 가난했기 때문에 부유한 사람을 적대시하는 심리가 강한 것이 특징입니다. 특히 권력 앞에서는 풍요로운 사람도 가난한 사람처럼 괴롭힘을 당하고 착취되었습니다.

중국 정부는 철저히 민간 기업과 부유층을 보호하고 산업을 육성해야 합니다. 당연히 그들이 축적해온 재물도 부정되어서는 안됩니다. 가난한 사람을 위해 말하는 것과 마찬가지로 사람들은 성공한 사람들을 위해서도 제대로 행동해야 합니다.

김문학 소장님의 좌우명은 무엇입니까?

마오위스 "다른 사람을 돕고 인생을 즐긴다"라는 말과 논어에서 공자가 말한 '온양공검양(溫良恭儉讓, 온화하고, 꾸밈없고, 공손하고, 검소하며 삼가는 것)'의 다섯 자입니다. 이 말에 저의 인생이 응축되고 있습니다. 결국 인간으로서 가장 중요한 것은 타인을 존중하는 것, 온건하고 겸손하게 타인과 접하며 타인을 함부로 의심하지 않는 것입니다.

저는 사람에 대한 경계심이 없기 때문에 자주 이용당하고 속기도 합니다만 속아도 개의치 않습니다. 타인에게 이익이 되면 그걸로 족하니까요.

김문학 낙관적인 인생관이군요.

마오위스 그렇습니다. 쾌락을 추구하는 것이 인생 최고의 이상입니다. 그것은 결코 부를 말하는 것이 아닙니다. 쾌락을 얻을 수 있는지 여부가 인간으로서의 생활, 나아가 사회에 있어서 가장 중요한 기준이 아닐까 합니다. 그리고 쾌락과 동시에 사회든 개인이든 관용 정신이 필요합니다. 건설적인 비판에 대한 관용이 있어야 합니다.

김문학 마지막으로 소장님은 중국에 무엇을 기대하고 계십니까?

마오위스 저에게 있어 가장 납득할 수 없는 것은 중국이 여전히 독재 사회라는 것입니다. 그러니까 중국이 하루 빨리 민주 국가, 법치 국가로 변모했으면 합니다. 그날은 반드시 올 것이라 생각합니다. 불행히도 저는 못 볼 수도 있겠지만요.

사회적 약자가 70% 이상인 '생활 불안 대국'

정치학자가 냉철하게 분석하는 '관강민약(官强民弱)' 사회의 치명적 단점

장밍[張鳴]

- 중국런민대학 정치학부 교수, 정치체제사와 중국의 지방정치학의 제1인자로 평가되고 있다.
- 1957년 저장성[浙江省] 출생, 헤이룽장성[黑龍江省]에서 보내면서 청년기에는 농업기계공, 수의사 등을 경험하였고 1996년 중국런민대학 대학원 박사과정을 수료한 후 동 대학에 부임. 역사학부에서 정치학부로 이동하여 학장 등 역임했다.
- 정치사 공개 강좌는 동 대학에서 가장 인기 있고 가장 수강하기 어려운 강의로 높은 평가를 받았다. 또 그 수업을 바탕으로 한 저서 〈중설중국근대사(重說中國近代史)〉는 스테디셀러이다.
- 주요 저서 : 〈공화중적제제(共和中的帝制)〉, 〈무부치국몽(武夫治國夢)〉, 〈향토심로 80년(鄕土心路八十年)〉, 〈향촌사회권력화문화결구적변천(鄕村社會權力和文化結構的變遷)〉, 〈역사적 괴비기(歷史的壞脾氣)〉, 〈역사적저고(歷史的底稿)〉 등 다수

장밍[張鳴] 교수는 현대 중국을 대표하는 비판적 지식인 중 한 명이다. 역사, 정치, 교육, 국민성에서부터 일상에 이르기까지 항상 핵심을 찍는 엄격한 비판을 전개해 왔다. 본인은, 장 교수가 체제 내에 있으면서도 과감하게 체제를 비판하는 용기와 지혜를 가진 점을 존경한다. 장 교수는 다음과 같이 말한다.

"비판적 지식인으로서 사명을 완수해야 합니다. 이 사회의 부조리나 불공평, 거악이 존재하는 한 그것을 비판할 수 있는 것은 지식인뿐이니까요."

중국의 동북 3성 중 하나인 헤이룽장성에서 오랫동안 살았던 경험이 있는 장 교수에게는 동북인(東北人)다운 호방함이 엿보였다. 대담은 대학 교육 이야기로 시작하였다.

중국 축구보다 절망적인 중국 대학의 미래

김문학 현재 중국 대학 입학 시험 '가오카오[高考]'에는, 대략 1,000만 명이 참가하고 있고 대학 진학률은 50%를 넘었다는 데이터도 있습니다. 한편 가짜 대학도 상당수 있는 등 질과 양이 균형을 이루고 있다고는 도저히 말할 수 없는 상태로 알고 있습니다. 그렇다면 중국의 대학의 실태는 어떤가요?

장밍 저는 오래 전부터 중국 대학에 대해 강하게 비판해왔습니다. 대학의 타락은 멈추지 않고 오히려 이전보다 그 기세를 높이면서 악화하고 있습니다. 제 비판의 요점은 대학이 마치 관공서처럼 되어버렸다는 것인데, 최근에는 오히려 관공서보다 훨씬 관료화되고 말았습니다. 중국의 축구와 중국의 대학 중 어느 쪽이 장래에 희망이 있을지 기자가 물었을 때, 저는 중국 축구 쪽은 그래도 아직 희망이 있다고 대답한 적이 있습니다.

김문학 비유가 재미있네요. 희망이 전혀 보이지 않는 중국 축구 쪽이 그나마 낫다는 말씀이신 거죠? 중국 대학은 그런 말을 할 정도로 엉망입니까?

장밍 물론 그 비유 자체는 화가 나서 한 농담이지만 그렇게 말하고 싶을 정도로 중국의 대학은 부패해 있습니다. 그 원인이 어디에 있느냐 하면 바로 교육 기관의 산업화에 있습니다. 중국의 대학은 사실상 교육 이권 집단이 되어버렸습니다. 대학은 돈벌이를 위한 조직으로 변질되었습니다.

김문학 대학에 대한 감독 시스템이 있습니까?

장밍 예, 있습니다. 그러나 그것은 단지 장식에 지나지 않는 허울뿐인 시스템입니다. 아무리 외부에서 비판해도 대학은 마이동풍입니다. 이러한 현상으로부터 알 수 있는 것은 중국에는 단 하나의 대학, 즉 교육부 대학밖에 존재하지 않는다는 것입니다.

그 외 모든 대학은 이 교육부 대학의 분교에 불과합니다. 지금 중국 전역의 도시가 획일화되고 있습니다만, 대학도 마찬가지로 몰개성화되어 있습니다. 예를 들면 전 세계 모든 대학에서는 대학 자체가 학생의 졸업증과 학위 증서를 발행하고 있습니다만 중국만은 그렇지 않습니다. 교육부가 졸업증과 학위 증서를 발행하고 있습니다. 이 현상 자체가 계획 교육 체제의 악폐라고 말할 수 있겠지요.

제2차 세계대전 전, 중화민국 시대조차 베이징대학이나 칭화대학 등 모든 대학이 스스로 학위증을 발급했습니다. 하지만 현재의 중국 대학에는 그러한 학문의 자치 독립은 어디에도 없습니다. 교육 행정은 교수의 강의안을 체크하고 연구 논문의 수에만 관심을 쏟으면서 질에 관해서는 방치하고 있습니다. 제가 중국의 대학은 더 이상 교육·연구 기관이 아니라 마치 관료 기관이라고 말한 것도 그런 연유에서입니다.

교육 기관의 비대화와 추락하는 대학의 학문 수준

김문학 최근 중국에서는 큰 대학과 주변의 작은 대학이 합병하는 형태로 대학의 거대화가 진행되고 있더군요. 얼마 전에도, 한 지방 대학이 주변 대학과 전문학교를 흡수하여, 그 지역에서 최대 규모의 대학으로서 변신하였습니다. 하지만 그 규모만큼의 실력이나 인재 양성력을 높이는 효과는 없다고 들었습니다.

장밍 말씀대로입니다. 그 내용은 1995년에 정한 100개 대학에 중점 투자하는 '211공정(工程)'과 그 3년 후에 발표된 30개 이상의 대학에 역시 중점 투자하는 '985공정'으로, 주로 다음 세 개 항목이 중점적으로 추진되고 있습니다.

　① 거액의 투자 = 소수 명문대학에 예산 집중 투하

　② 행정화 강화 = 거액 투자한 만큼 행정에 의한 대학 관리 강화

　③ 산업화의 진전 = 기업 관리 시스템을 도입하여 대학 교원 대우 개선

　그런데 이 세 가지 개혁으로 진행된 것은 경제 성장으로 풍부해진 중국 대학의 추가적인 비대화와 행정에 의한 통제 강화뿐이었습니다. 대학의 수익이 열 배 이상 늘어나면서 국가도 내수 확대의 일환으로 대학생 수를 늘리려고 정원 증가와 전국적으로 학생 모집에 힘을 쏟고 있습니다. 그 결과 대학 비대화에 따라 수많은 지자체에서 대학 도시 건설을 가속화하였습니다. 그때 중국답게 대학 법인은 부동산이나 토지 개발 업자와 교묘히 손을 잡았던 것입니다.

김문학 1950년대에 실패한 대약진운동의 대학판이군요. 정부가 주도하여 철이나 농작물 등의 증산을 요구하였지만 터무니없는 노르마와 실행안의 잘못으로 수천만 명의 희생자를 내는 등 국가는 미증유의 대혼란에 빠졌지요.

장밍 그렇습니다. 그렇게 하면 행정 주도의 '대학주식회사'가 되고, 그 결과 점점 대학의 기업화가 진행되고 수업료 등도 비싸지게 되는 것이고요. 또한 시장경제와 관련된 전공에만 힘을 쏟아부어 기초 학문은 소홀히 하게 되지요. 그렇게 되면 중점 투자 대상이 되는 학교는 말하자면 독점 상태가 되기 때문에 경쟁도 일어나지 않게 되어 자연스럽게 대학의 관공서화와 교원의 관료화가 진행되는 것은 말할 필요도 없습니다.

국가가 요구하는 노르마, 즉 기준을 달성하기 위해 대학과 교원도 실적에 집중하다 보니 논문의 위조나 조작에 이르게 되는 경우도 생기게 됩니다. 게다가 앞서 언급했듯이 숫자도 중요한 요소이기 때문에 학생들에게 논문을 강제하게 되는 것이고요. 한발 물러서 말하더라도 현재 중국 대학의 질은 사상 최저 수준까지 떨어져 있습니다.

일부 개성 있는 연구 분야나 학자를 제외하고 대학 전체가 계속 하강 곡선을 그리고 있는 가운데, 지금은 마치 공중에서 추락하는 것 같은 참혹한 상황입니다. 솔직히 말해서 대부분의 지방 대학은 '대학'이라는 간판을 달았을 뿐 그들은 더 이상 대학이라고 말할 수도 없는 상태입니다.

김문학 대학의 위기에서 벗어나는 길은 없는 걸까요?

장밍 그 방법을 한마디로 말하면 개혁과 개방밖에 없습니다.

김문학 그 말은 맞지만 실제로 위기에서 벗어나기는 쉽지 않을 것 같습니다만.

장밍 맞습니다. 쉬운 일이 아니지요. 가능하겠지만 중앙 정부 자체가 교육 산업의 기득권자이기 때문에 이 상태가 계속되는 한 개혁 개방의 길은 바로 가시밭길 그 자체가 될 것입니다. 예를 들어 중화민국 시대처럼 교회가 학교 운영할 수 있게 개방이 진행되면 개혁으로 한 걸음 내디딜 수도 있겠지만요.

집착할수록 더 멀어지는 노벨상

김문학 중국이 노벨상에 엄청나게 집착한 측면이 있지요. 중국인도 평화상(류샤오보, 2010년), 문학상(모옌, 2012년), 의학생리학상(투유유[屠呦呦], 2015년) 등과 같이 중국인이 염원하던 노벨상을 수상했습니다. 평화상은 염원한 것이 아니었지만요. 그러나 그 수는 중국의 대학이나 인구를 생각해보면 너무 적다고 할 수 있습니다. 반면 전후 일본은 서른 명 정도의 노벨상 수상자를 배출했습니다. 교수님은 이것에 대해 어떻게 생각하십니까?

장밍 중국인의 노벨상에의 집착은 국가적 차원입니다. 2012년 정부는 '만인 계획(萬人計劃)'이라는 인재 양성 프로그램을 발표했습니다. 이는 과학 기술 분야에서 우수한 1만 명을 선발하고 거기에서 가장 우수한 100명을 선택해 노벨상 수상자로 육성한다는 것이었습니다. 사실 그런 계획은 옛날부터 여러 번 세웠습니다. 그 모든 계획은 한결같이 처음에는 위세 좋은 슬로건을 내세웠지만 끝에 가서는 거액의 예산만 낭비하였고 노벨상 근처에도 못 갔습니다.

김문학 그렇군요. 전체주의의 중국에 걸맞는 이야기인 셈이군요.

장밍 단번에 단련하여 단기간에 결과를 내는 방식의 국가적 차원에서의 지원은 스포츠 분야에서는 그 효과를 볼 수도 있습니다. 그러나 소련이라는 전례를 보면 알 수 있듯이 기초과학에서는 어려운 것입니다. 원래 한 나라의 과학력은 그 나라의 교육이나 연구 체제와 밀접한 관계가 있습니다. 특히 노벨상 수준의 연구라면 전반적인 과학 기술 수준이 매우 높고, 사회의 학술 환경이 정비되어 있지 않으면 안됩니다. 각 노벨상 중에서 자연과학의 수상자가 가장 많은 나라는 모두 과학 연구 수준이 최고인 나라들입니다.

김문학 맞는 말씀입니다.

장밍 현재 GDP 세계 2위의 경제 대국인 중국의 과학과 교육 수준은 여전히 낮습니다. 일본과 비교해 보면, 격차가 큰 교육 후진국이라 말할 수 있습니다. 중국의 교육 스타일은 여전히 정확한 답만을 요구하는 '표준 답안식'입니다.

물론 그렇게 해서 중국 학생들이 국제학력올림픽에서 우승은 할 수 있습니다. 그러나 과학 연구 분야의 저변을 넓히고 이어서 노벨상을 수상하는 데까지는 다가갈 수 없을 것입니다. 노벨상을 수상하기 위해서 최우선으로 해야 할 것은 '00공정'과 같은 보여주기식 정책을 도입할 것이 아니라 교육과 과학 연구의 체계를 개혁하고, 행정 주도와 학벌 주도의 학문과 그 연결고리를 끊어내는 것입니다.

엘리트 절반이 스스로 불행하다고 느낀다

김문학 날카로운 지적이십니다. 게다가 학문을 포함한 국가의 종합적인 소프트 파워를 측정하는 데는 그 국민의 만족도와 행복감이 하나의 바로미터가 됩니다. 개혁 개방으로부터 40년이 지난 현재, 생활 수준은 향상되었음에도 불구하고 사람들의 행복도와 상관되는 중요한 정신적 차원과 문화적 차원에서는 이러한 진화가 보이지 않습니다. 상하이나 베이징 등의 대도시 사람들의 표정이 일본에 비해 그다지 밝지도 않은 것 같습니다. 교수님은 현대 중국인의 일상 생활에 대해 어떻게 생각하십니까?

장밍 저는 몇 년 전부터 블로그에도 그런 내용을 썼습니다만, 잡지 〈인민논단(人民論壇)〉의 조사에 의하면 일하고 있는 사람의 58%, 지식인의 55%, 심지어 당 간부의 45%가 자신을 '약세군체(弱勢群体, 사회적 약자)'라고 생각하고 있다는 결과가 나왔습니다. 또한 인터넷의 설문 조사에서도 자신을 '사회적 약자'라고 생각하는 사람이 70%나 되고 있습니다.

김문학 예? 스스로를 사회적 약자라 생각하는 사람이 비율이 그렇게 높다는 말씀인가요? 특히 당 간부나 지식인이라면 사회의 엘리트 계층인데도 그렇다는 말씀인가요?

장밍 그러게 말입니다. 더욱 놀라운 것은 평소 위압적인 경찰 관계자도 기자의 인터뷰에서, "우리도 사회적 약자이기 때문에 보호받아야 한다"라고 호소했다는 것입니다. "터무니없는 말!"이라 하고 싶겠지만 그들의 호소도 전혀 말이 안 되는, 거짓말은 아니라고 생각합니다. 지식인도, 관료도, 샐러리맨도, 경찰관도 모두 무겁게 억누르고 있는 모기지, 높은 집세, 치솟는 아이들의 교육비, 물가 상승에 허덕이고 있을 테니까요. 다만 그 사람들에게 "그게 싫으면 최하층의 농민공이라도 되라"라고 하면 그 누구도 "그렇게 하겠다"라고는 말하지 않겠지만요.

김문학 행복감을 느끼고 있는 사람이 적다는 것은 생활의 질이 낮다는 것 아닐까요?

장밍 예, 그렇습니다. 그 누구도 생활에 대한 만족감이나 충실감을 느끼고 있지 않다는 것입니다. 소수라면 몰라도 70% 이상의 국민, 그것도 상위 엘리트층이 포함된 많은 사람이 생활에 만족할 수 없다는 사실은 매우 큰 문제입니다. 개혁 개방 이후 40년이 지나 경제는 비약적으로 발전했지만 부의 증가가 행복감의 향상으로 이어지지 않았습니다. 오히려 많은 국민은 행복도가 감소하고 안심감도 느끼지 못한다는 불만을 토로하고 있습니다. 그 결과 국민은 국외 탈출을 선택하게 되었습니다. 이주나 이민, 유학 등의 수단으로 중국을 떠나고 있습니다.

김문학 심한 경우에는 "미국에는 민주도 자유도 없다"라며 미국을 비판하던, 이른바 '애국 소녀'가 미국인 남성과 결혼하거나 이주하여 미국 국적을 취득하는 경우도 적지 않습니다.

장밍 맞습니다. 역시 저는 더욱 개혁을 철저히 추진해야 한다고 생각합니다. 국민의 불만의 목소리는 '변혁에의 외침'이니까요.

횡단 보도와 화장지 일화에서 엿볼 수 있는 문명 수준

김문학 일상 속의 소소한 이야기입니다만, 저는 중국에 올 때마다 두려워하는 것이 두 가지 있습니다. 하나는 화장실을 사용하는 것이고 또 하나는 횡단 보도를 건너는 것입니다. 대학 구내 화장실에도 화장지가 갖추어져 있지 않기 때문에 언제나 곤란한 상황에 처하게 됩니다.

장밍 그러셨군요. 화장지를 갖추지 못하는 것은 재정 문제라는 이야기도 있고 빈발하는 도난 때문이라는 말도 있습니다.

김문학 GDP 세계 제2위의 경제 대국이 기껏 화장지를 상비할 돈도 없다는 것은 이해하기 매우 힘든 상황입니다. 푸단[復旦]대학의 저명한 지리역사학자인 거젠슝[葛劍雄] 교수도 중국보다 경제 수준이 낮은 아프리카의 대학에서조차 화장실에는 반드시 화장지가 놓여 있다고 합니다.

장밍 게다가 얼마 하지도 않는 화장지까지 훔치기 때문에 중국 국민의 문명 수준은 가히 세계 최하위라 할 것입니다. 횡단 보도를 건너기 어렵다는 것은 결국 보행자도, 차를 운전하는 운전자도 '파란불은 통행, 빨간불은 정지'라는 법적, 사회적인 최소한의 원칙조차도 안중에 없다는 것을 말해 주는 것입니다. 농촌의 논두렁길을 걷는 것과 같은 감각으로 자신만 건널 수 있다면 그것으로 족하다는 농경 문화의 악폐인 것이고요.

김문학 제가 관찰한 바로는 빨간불일 때 서둘러 건너는 사람도 특별히 급한 용무는 없는 듯하였습니다. 왜냐하면 반대편으로 건너가자마자 스마트폰을 보면서 천천히 걷고 있었으니까요.

장밍 그렇게 하는 것이 습관이 된 것이지요. 옛날부터 신호를 무시해도 어느 누구도 뭐라고 말하는 사람이 없기 때문에 그것이 자연스러운 일이 되어버렸습니다. 중국의 도시는 어디든 자동차의 홍수가 일어나고 있습니다만, 중국인에게 있어서 자동차는 이동을 위한 것이 아니라 부유층이 자신의 부를 자랑하기 위한 물건입니다. 청년들은 은행에서 빚을 지는 한이 있더라도 외국에서 만든 고급 자동차를 구입하려 합니다. 벤츠나 BMW 등은 바로 부자의 상징인 것이지요.

그리고 자신에게는 값비싼 물건이 있다는 것을 과시하기 위해 맹렬한 속도로 차를 모는 것입니다. 걷고 있는 사람을 완전히 무시하는, 이른바 안하무인적 행동을 하는 것입니다. 그래서 김 작가님처럼 선진국 사람들에게는 중국에서 횡단 보도를 건너는 것은 일종의 고통이 되어버린 것입니다.

김문학 자동차는 문명의 상징이기도 한 반면 인간에게 있어서는 이동수단 중 하나에 불과한 것인데 말입니다.

장밍 그렇습니다. 중국에는 '자동차의 시대'는 있어도 '자동차의 문화'는 없다고 할 수 있겠지요.

강자가 약자를 괴롭히는 중국인의 DNA

김문학 프랑스혁명과 정치 체제의 변환이 국민에게 어떤 영향을 미쳤는지를 분석한 프랑스 정치사상가 알렉시스 드 토크빌의 〈구 체제와 대혁명〉을 읽으면서, 저는 18세기 후반의 혁명 전후 프랑스가 마치

21세기의 중국을 예언하고 있던 것 같은 느낌을 강하게 받았습니다. 그 책은 시진핑과 같은 중국 공산당 지도부의 통치에도 큰 영향을 미쳤다고 생각합니다. 그래서 중국의 국가와 국민의 관계성을 어떻게 보면 좋을지 교수님에게 묻고 싶습니다.

장밍 재미있는 관점이군요. 중국에서는 진한시대부터 2,000년 이상 동안, 관료형 제국 체제가 유지되어 왔습니다. 그리고 사회에 가장 강한 영향을 준 것은 이러한 국가와 백성과의 관계였던 것입니다. 사회 운영의 주체는 계속하여 관료였기 때문에 백성의 불만의 목소리는 국가 통제로 다스렸습니다. 또 사회의 엘리트나 지식인도 백성과 선을 그어 관과 유착하고 있었고요.

이것은 현재도 마찬가지라 할 수 있습니다. 국가나 관료의 권력이 너무나도 강하기 때문에 비록 국민이 나라에 저항하거나 호소를 하고 그것을 언론이 지원한다 하더라도 결국에는 상층에 있는 관의 악행을 억제할 수 없는 상황입니다.

김문학 관료를 감시하는 법적 메커니즘이 제대로 작동하지 않는 '인치 사회'의 중국에서 관의 권력에 스스로 굴복해버린다는 것이군요. 그것이 하나의 국민성으로서 정착한 것이고요.

장밍 합리적 의견조차도 관은 자신들에게 반하는 것으로 간주하여 강하게 압력을 가해 옵니다. 그러한 사회에서 사람들은 자유롭게 살

수 없습니다. 이 대담의 제일 먼저 화제에 올렸던 대학도 마찬가지 상황입니다. 국가의 말을 듣지 않는 사람은 빠짐없이 공격을 받거나 숙청되고 맙니다. 그러니 아카데미즘의 영역에서조차 거짓말과 사실 왜곡 또는 뇌물이 횡행하는 것입니다.

김문학 관과 민의 역학 관계는 끔찍하기만 합니다. 그런 비뚤어진 상황을 해결하는 방법이 있을까요?

장밍 솔직히 '관강민약(官强民弱)'의 사회적 토양이 너무나 강고하기 때문에 이 관계를 해결하는 묘안은 아직 없다고 생각합니다. 대담한 개혁이 필요하지만 그것도 상당히 어렵습니다. 그것은 국가적 차원의 일이기도 하고요.

김문학 저는 비교문화학자로서 항상 한중일 3개국의 국민성에 관심을 가져왔습니다. 그중에서도 중국에서는 인간의 존엄이 함부로 유린되는 등 인간성이 경시되는 경향이 너무 강하다고 생각합니다. 교수님은 이것에 대해 어떻게 생각하십니까?

장밍 그렇습니다. 중국에서는 권력자들이 그 권력을 이용하여 사람의 프라이버시까지 아무렇지도 않게 침범하고, 그 프라이드를 산산조각을 내버리는 것을 통해 권력의 달콤함을 맛보는 '악취미'가 전통이 되어 있습니다. 제가 어렸을 때 장난을 치는 학생을 처벌하기 위해 선생님이 모든 학생 앞에서 그 학생의 프라이버시와 시험 점수를 밝힌 적도 있습니다. 상사와 부하의 관계도 주종 관계라는 측면에서는 거의 변하지 않았습니다. 마음에 들지 않는 부하가 있으면 다양한 수단을 이용해 그 존엄을 해치는 일이 일상 다반사입니다.

중국에서는 위에 있는 자가 물리적 측면뿐만 아니라 정신적으로도 아래의 사람을 억압할 수 있다는 권력자 의식이 DNA로 계승되어 왔습니다. 정치가나 관료 같은 권력자뿐만 아니라 사회 전반에 걸쳐 그러한 경향을 볼 수 있다는 것이 문제입니다. 가정에서는 부모가 아이에 대해, 사회에서는 도시 생활자가 약자나 지방에서 나온 가난한 농민공에 대하여, 자연스럽게 우월 의식을 가지면서 상대의 존엄을 손상시키는 일이 일상적으로 일어나고 있습니다.

김문학 존엄이라는 것은 인권보다 소중한 것으로, 인간이 인간임을 보장하기 위한 기본적인 조건이라 할 수 있을 텐데요.

장밍 맞습니다. 인간으로서의 존엄이 유린되거나 무시되는 사회는 인간 사회라고는 부를 수 없을 것입니다. 인간의 존엄이 제대로 지켜지는 사회야말로 정상적인 사회라는 것을 중국인에게 계속 호소할 수밖에 달리 방법이 없습니다.

김문학 교수님은 2007년, 자신의 상사인 중국런민대학 국제관계학원장에게 인사에 대해 공공연히 비난한 적이 있으신데요. 그로 인해 교수님은 주임의 직에서 쫓겨났지만 리버럴 지식인으로서의 독립 정신을 지켜왔다고 하는 점에서 아카데미즘으로부터 존경받은 것으로 알고 있습니다.

장밍 제가 비판적 지식인의 한 사람으로서 그러한 행동에 나선 것은, 중국의 관료 체제나 사회에 존재하는 모든 불평등과 부조리를 개선하고 싶다고 생각했기 때문이었습니다. 저의 신념은, 상아탑 속에서 학문만을 하는 것이 아니라 사회를 위해서 학문을 활용하는 것입니다. 그렇기 때문에 앞으로도 사회 비판을 계속할 생각입니다. 이 세상에 악이 존재하는 한 혼신의 힘을 다하여 펜으로 싸울 것입니다.

제가 비판한 일로 어떤 어려움에 봉착하더라도, 상층부로부터 어떠한 탄압을 받더라도, 저는 단지 오직 저의 양심에서 우러나오는 지령에 따라 행동할 것입니다. 그렇게 하는 것이 저의 방식 그 자체이니까요.

중국 내셔널리즘은 진부하고 유치한 '종족주의'

행동하는 인문학자가 생각하는 21세기 중국의 과제

첸리췬[錢理群]

- 전 베이징대학 문학부 교수
- 현대 중국을 대표하는 루쉰 연구자로서, 1980년대 이후 가장 강한 영향력을 가진 인문학자 중 한 명
- 1939년 충칭 출생
- 1956년 베이징대학 문학부 신문학과 입학
- 1960년 동 학과를 합병한 중국런민대학 신문학과 졸업. 그 후 중학교 등에서 교사로 근무
- 1978년 베이징대학 대학원에 입학, 1981년부터 동 대학의 교단에 섰다.
- 1998년 '베이징대학 10대 우수 교수' 중 톱에 선출
- 2002년 퇴직 후 농촌 지역 중학교에서 교육에 힘썼다.
- 2012년 교직을 그만두고 현장 밖에서 교육에 종사하겠다고 선언. 루쉰과 그의 동생 저우주오런[周作人] 연구 외에, 20세기 중국의 사상과 문학, 사회에 관한 분석으로 높은 평가를 받고 있다.
- 주요 저서 : 〈마오쩌둥과 중국의 어떤 지식인에 의한 중화인민공화국사 상·하〉, 〈신세기의 중국 문학-모던에서 포스트 모던으로〉, 〈심령적탐심(心靈的探尋)〉, 〈저우주오런론[周作人論]〉, 〈풍부적통고(豊富的痛苦)〉, 〈나의 정신자전[我的精神自傳]〉, 〈1948:천지현황(天地玄黃)〉, 〈첸리췬강학록(錢理群講學錄)〉, 〈신어문독본(新語文讀本)〉 등 다수

첸리췬[錢理群] 교수는 1980년 이후 중국 현대 인문학계에서 가장 큰 영향력을 자랑하는 거물 중 한 명이다. 베이징대학 문학부의 교수로서, 루쉰과 그의 동생인 저우주오런 연구의 태두로 알려져 있다. 정년 후는 민간 교육계에 투신하여 악전 고투하면서 '중국 교육의 실패'를 주장하여 큰 주목을 끌었다.

나는 첸 교수를 존경하였기에 언젠가 만나서 이야기를 하고 싶었다. 그런 나의 소망은 생각보다 빨리 실현되었다. 이 책의 '열 번째 이유'에도 등장하는 중국사회과학원 왕쉐타이[王學泰] 교수와 베이징대학 문학부 주임 천샤오밍[陳曉明] 교수의 연결로 어렵지 않게 첸 교수와 연락을 취할 수 있었다. 전화에서 들려오는 첸 교수의 목소리는 약간 쉰 듯하였지만 사람을 끌어들이는 부드러운 '자기장'과 같은 것이 느껴졌다.

"일본에 살고 계신 비교문화학자 김문학 작가시군요. 동아시아 3국을 문화면에서 비교한 저서를 몇 권 읽어 잘 알고 있습니다. 지금 저는 베이징 시내가 아니라 창핑[昌平, 베이징 교외에 있는 마을]의 요양원에서 아내와 함께 살고 있습니다. 베이징에서 여기까지 오시면 불편하실텐데요"라고 첸 교수는 말하였다. 나는 이렇게 대답하였다.

"아닙니다. 거리는 괜찮습니다. 첸 교수님을 뵈는 게 최우선이니까요."

"정 그러시다면 열렬히 환영합니다."

첸 교수는 그렇게 말하고서는 알기 쉽게 상세한 주소와 교통편을 알려 주셨다. 몸집이 작고 둥근 얼굴이 특징적이던 첸 교수는, 거리에서 만날 수 있는 보통의 상냥한 노인 그 자체였다.

교과서와 보호자 모두의 이익 원천이 된 중국 교육 시스템

김문학 교수님은 2002년 베이징대학을 퇴직한 뒤, 22년간 지방 중학교 교사로 교육계에 투신하신 것으로 알고 있습니다. 집에서 유유자적하게 집필이나 독서를 즐기셔도 될 텐데 어떤 연유로 중학 교육 쪽에 관여하게 되셨나요?

첸리췬 실은 저는 1998년경부터 중학교의 국어 교육에 관심을 갖고 있었습니다. 그 동기가 된 것은 두 가지였습니다. 첫 번째는, 중국의 많은 문제 중에서 가장 근원적인 것이 교육이라고 알게 되었기 때문입니다. 어느 정도 나이가 들면서 경험해보니 세상에는 절망하는 어른도 있었지만 그보다도 아무것도 모르는 아이들을 절망시킬 수는 없다고 생각을 하였기 때문입니다.

두 번째는, 지식인이 중학교에서 교편을 잡는 것이 사실 중국 근대의 전통이었기 때문입니다. 루쉰 등도 중학교에서 가르쳤던 적이 있지 않았습니까? 그래서 제가 선택한 장소가 18년간 살았던 구이저우[貴州]였습니다. 향토 교재 〈구이저우독본(貴州讀本)〉을 편찬해 '자신의 처지를 안다'라는 것을 주제로 교육을 하였지요. 이전에도 베이징 등의 도심부에서 비슷한 교육을 시도해 보았습니다만, 정치적 이데올로기 등의 장애물이 너무 커서 단념한 적이 있습니다.

십수 년에 걸쳐 지방 중학 교육을 실천하면서 많은 어려움에도 직면하였고 때로는 눈물을 흘리는 일도 있었습니다만 매우 보람된 일이었다고 생각합니다. 이렇게 저의 정신면에서의 고향은 베이징대학과 구이저우라는 두 개의 땅이 되었습니다. 중심과 변경, 높은 곳과 낮은 곳, 엘리트와 서민과 같이 이원적인 삶을 보내고 있는 사람은 중국 학계에서는 저 이외에는 거의 없는 것으로 알고 있습니다.

김문학 교수님의 치열함은 중국 교육계에서도 너무나 잘 알려져 있습니다. 그렇다면 교수님이 생각하는 중국 교육 개혁의 문제점은 무엇입니까?

첸리췬 관념이나 사상이 아닌 이익의 문제입니다. 왜냐하면 교육 자체가 줄줄 연결되어 이익을 낳는 구조가 되어 있기 때문입니다. 애당초 교육 행정에 관련된 모든 분야가 그러하고 심지어 교과서와 보호자까지 거기에 휩쓸려 있습니다. 예를 들어, 시험 공부를 위한 주입식 교육이 아니라 보다 넓게 인간력(人間力)을 높이기 위한 교육으로 어떻게 전환할까 하는 문제가 제기되었습니다만 실현된 것은 전혀 없습니다.

왜냐하면 시험 교육을 없애버리면 거기에 종사하고 있던 사람들의 철밥통이 없어져 많은 사람이 이윤을 잃게 될 테니까요. 그러므로 그러한 사람들은 철저하게 교육 개혁에 반대하는 것입니다. 제가 중학교 교육 개혁에 나서려고 했는데, 그들은 전력을 다해 저를 배제하려 하였습니다. 그 이유는 분명합니다. 제가 그들 이익의 원천에 들어갔기 때문입니다. 그로 인해 저는 교육 관계자들에게는 '불구대천의 원수'가 된 것이지요

큰 문제를 생각하면서 작은 행동부터 실천하는 것이 중요

김문학 중국 교육은 초등 단계에 이르기까지 '실리'라는 괴물에 완전히 잡아 먹혀 황폐화되어버렸습니다. 2014년, 교수님은 나이 때문에 중학교 교육에서 멀어졌습니다만 지금도 교육에 대한 관심은 여전하시지요?

첸리췬 예, 오히려 관심은 더욱 강해졌습니다. 저는 학자보다 교육자라고 불리는 편을 좋아하는데요, 교사는 내 기질과 이상에 가장 적합한 직업이기 때문입니다.

김문학 행동하는 지식인이자 사상가로서 "큰 문제를 생각하면서 작은 행동부터 실천한다"라고 말씀하시던 것이 인상적이었습니다.

첸리췬 솔직히 말하면 그 말에는 현실 앞에서 아무것도 할 수 없는 허탈함과 그럼에도 불구하고 구체적으로 비판을 이어 나갈 것이라는 양면적 의미를 내포하고 있습니다. 중국 공산당에 의한 일당 독재 체제 하에서 가능한 한 자신의 권리를 지키고 자신의 의견과 비판을 표명해 나간다는 것, 항상 자신의 확고한 사고를 견지하는 것이 중요하다고 생각합니다.

또한 적극적으로 행동으로 옮겨 규모는 작더라도 확실히 사회적으로 유익한 일을 하면서, 자신의 생각을 일상 생활에서 실천해 나가는 것이 중요합니다. 2014년부터 저는 중학교 교육의 현장이 아니라

"교육으로부터 떨어진 곳에서 교육을 논한다"라는 것에 전념하고 있습니다. 그 이유는 진정한 교육자는 교육뿐만 아니라 장르의 벽을 넘어서 사회의 변화에도 관심을 가지고 그것을 실천해야 한다고 생각하기 때문입니다.

김문학 어찌되었든 교수님은 파란만장한 인생을 보내고 계시는군요. 공산 혁명과 투쟁, 문화대혁명이라는 격동의 시대가 연속되었음에도 불구하고 그 거친 파도에 휩쓸려 가지 않고 자신의 학문과 사상을 형성하신 것은 대단한 일이라고 생각합니다.

첸리췬 감사합니다. 1939년생인 저는 말씀하신 대로 청장년기를 엄청난 혁명과 투쟁 속에서 보내야만 했습니다. 문혁 때는 반혁명 분자라는 누명을 써 고통받은 적도 있습니다. 문혁의 가장 큰 죄악은, 인간 안에 있는 '악'을 자극하고 그 악을 최대한 팽창시켜 인간을 짐승으로 변하게 했다는 것입니다. 그리고 거기서 한 걸음 더 나아가 사회 전체에 그러한 악을 퍼지게 한 것입니다.

우리가 이러한 고난과 고통을 경험한 후에 해야 할 일은, 그것을 미화하여 일종의 자랑거리로 삼지 못하도록 막는 것입니다. 그 반대로 이성적으로 자신의 경험과 체험을 되돌아보고 자신의 정신적인 기둥이 될 수 있도록 철저히 마주 보아야 한다는 것입니다. 저는 지식인의 한 사람으로서 이런 사명감을 가지고 있습니다. 물론 저의 인생뿐만 아니라 학문의 출발 지점도 거기에 있다고 말할 수 있고요.

100년 전, 루쉰이 간파한 중국인의 노예 근성

김문학 지금 중국인의 정신 중에서 가장 부족한 것은 무엇이라고 교수님은 생각하십니까?

첸리췬 지금 중국은 GDP 세계 2위의 경제 대국이 되어 생활의 질도 향상되었습니다. 하지만 제일 큰 문제는 정신의 빈곤인데, 이것이 물리적인 삶의 질보다 훨씬 큰 문제일 것입니다. 현대 중국의 제도와 문화, 가치를 되돌아보고 국민성을 개선해야 합니다. 그렇게 하려면 다음 세 가지를 해야 합니다. 그 첫째는, 역사적인 경험과 교훈을 통합하는 것이고 두 번째는 그 토대 위에 현실을 되돌아보고 문제점에 대해 반성하는 것, 마지막으로, 그런 일을 일회성에 그치지 말고 체계화된 이론으로 승화시키는 것입니다.

지식인에게 가장 크고 중요한 일은 그러한 새로운 가치관과 새로운 철학을 사람들에게 제공하는 것입니다. 그러나 솔직히 우리 세대에는 역부족이고 실력 또한 부족합니다. 그러므로 새로운 세대에 그런 일을 맡겨야 한다고 생각합니다.

김문학 관과 민이 힘을 합하면 될까요?

첸리췬 아닙니다. 저는 관에는 기대하지 않습니다. 그럴듯한 말로 선전이나 하면서 지식인을 이용하는 것밖에 생각하지 않은 정부가 도대체 무엇을 해줄 수 있을까요? 그런 측면에서 저는 정부를 신뢰하지 않습니다. 그런 방식으로 할 것이 아니라 민간의 힘에 의지해야 한다고 생각합니다. 위로부터가 아니라 아래로부터 새로운 '길'을 만들어야 한다는 것입니다. 거대한 백성의 힘을 우습게 보면 안된다고 생각합니다.

김문학 현재 중국인의 민족주의나 문화적 내셔널리즘은 매우 고양되고 있는데, 그 점에 대해서는 어떻게 생각하십니까?

첸리췬 중국에서는 "지난 수백 년 동안 중국이 이런 성세를 맞이한 적은 없었다", "어느 날 우리는 세계적 대국의 국민이 되었다", "우리는 세계에서 가장 훌륭한 나라"라는 목소리가 들려오고 있습니다. 그러나 이러한 민족주의나 애국주의가 극단적으로 고조되면 국가주의나 군국주의로 변질될 우려가 충분히 있다는 것이 저의 생각입니다.

그런 내용은 세계의 근대사와 현대사를 통해 이미 입증되었습니다. 예를 들면 근대 일본에서 민족주의와 국가주의가 고양되었고 그 결과 군국주의로 변모되어 아시아 전역을 괴롭힌 과거에 대해서는 아시아 사람이라면 그 누구도 잊지 않을 것입니다.

최근 중국과 일본, 한국과 북한도 민족주의나 국가주의를 전면에 내놓고 서로 대항하고 있습니다만, 정말로 '역사를 거울로 삼는다'라면 서로 자중하면서 몸서리쳐지는 군국주의가 다시 일어나지 않도록 경계해야 합니다. 특히 중국의 편협한 민족주의는 서양의 민족주의와는 달리 일종의 종족주의이기 때문에 더욱 그러합니다.

김문학 종족주의란 어떤 의미입니까?

첸리췬 중국의 민족주의에는, 서양이나 일본과 같이 제대로 된 사고의 과정을 거친 다음 이론을 이끌어내는 측면이 누락되어 있습니다. 중국의 민족주의는 일본과 미국을 적으로 간주하는 단순한 적대적 정서에 불과합니다. 중화 민족은 뛰어났음에도 불구하고 일본인이라는 작은 '악동'한테 당했다는 원한으로부터 태어난 것으로, 매우 진부하고 유치한 감정의 발로에 지나지 않습니다.

저는 일본이 신사의 나라라고 생각합니다. 사과만 할 뿐이지 그 외어떠한 반론도 제기하지 않는 겸손함이 있으니까요. 그런데 중국은 종족주의적인 반일 감정에 휩싸여 전후 새롭게 태어난 일본과 다시일종의 전쟁 상태에 놓여버렸습니다. 일본은 중국 정부와 민중에게있어 이용하기 좋은 표적입니다. 그러므로 지금 필요한 것은 일본의반성이 아니라 중국의 반성입니다.

김문학 재미있는 지적이군요. 중국에서 애국주의나 민족주의가 활발히 외쳐지고 있는 이유는, 오히려 중국인에게 진정한 애국심이나 민족애라는 요인이 부족하기 때문이라고 생각합니다. 일본을 포함한서양 선진국에서는 더 이상 거의 사용되지 않아 사어가 된 '애국, 문명, 자유' 등과 같은 말들이 난무하고 있으니까요. 화장실의 변기 위에까지 애국이나 문명 등의 표어가 걸려 있는 것은 그 자체가 코미디라고 볼 수밖에 없습니다.

이러한 점에서도 중국은 역시 근대 국민 국가와는 먼 나라라고 생각합니다. 성숙한 국민, 이른바 중국에서 강조하는 '공민'은 아직 사회적으로 존재하지 않기 때문입니다. '미완의 국민 국가'라고 말할 수 있지 않을까요?

첸리췬 맞습니다. 중국은 경제나 생활면에서는 크게 풍요로워졌지만 국민의 내실, 즉 국민성에는 큰 결함이 남아 있습니다. 제가 문호 루쉰의 연구가로서 말할 수 있는 것은, 루쉰이 지금도 계속하여 특별한 존재로 남아 있는 것은 다른 작가와는 달리 그의 사상에는 현실적인 내용이 있기 때문입니다. 중국의 내셔널리즘이 팽창하고 있는 가운데 이러한 현상에 대한 루쉰의 날카로운 식견과 비판은 우리에게 새로운 출발점을 제공해주고 있습니다.

루쉰이 평생 중국인의 국민성 개조에 계속 노력한 것은, 중국인의 정신에 자리잡고 있는 약점이나 문제점이 너무 많았기 때문이었습니다. 1905년, 루쉰은 '입국(立國)'을 하기 위해서는 먼저 '입인(立人)'하여야 한다는 사상을 강조하였습니다. '입인'이란 각 개인이 정신적 자유와 인격의 독립을 완수한 상태를 말하는 것입니다. 루쉰의 눈에서 보면 아무리 과학이 발달되고 물질적인 생활이 풍요로워진다고 하더라도, 중국인이 개인으로서의 자유, 독립된 인격을 갖추지 않고서는 중국이라는 나라는 결코 근대 문명 국가가 될 수 없었습니다.

김문학 그것이 루쉰의 현대적 의의라는 것이군요.

첸리췬 그렇습니다. 루쉰은 중국인의 국민성에 다양한 비판을 가하였는데 그것은 크게 세 개로 요약될 수 있습니다.
  ① 국민성의 중심을 차지하고 있는 노예 근성
  ② 역대 왕조와 정권이 항상 '일치일란(一治一亂)'을 반복해 온 역사성
  ③ 두 사회 문제, 즉 중국 민족은 '식인 민족'이라는 것과 연기와 기만을 좋아하는 민족이라는 것

김문학 그렇군요. 루쉰이 말하는 '식인'에는 두 가지 의미가 있다고 합니다. 하나는 정신적 비유이고 나머지 하나는 실제로 중국인이 역사적으로 인육을 먹는 것을 말합니다. 루쉰은 대표작 '광인일기(狂人日記)'를 쓰기 전에 실제로 베이징 신문에서 인육을 먹은 사건의 기사를 몇 번이나 본 적이 있다고 합니다.

첸리췬 말씀하시는 대로입니다. 루쉰은 앞서 제가 꼽은 세 가지 문제를 한마디로 요약하여 중국인 국민성의 타고난 저열성으로 파악하였습니다. 최근 아카데미즘의 영역에서는 '국민성'이라는 개념을 부정하는 학자도 있습니다만, 저는 국민성이 분명히 존재한다고 생각합니다. 물론 개인차는 있을지 몰라도 모두 같은 역사적 체험을 공유하고 있고 지리와 풍토도 같은 조건에서 자란 국민적인 기질이나 민족

적인 속성은 높은 동질성을 가지고 있다고 봅니다.

마침내 날뛰는 교활한 이기주의자들

김문학 동감입니다. 어쨌든 중국인의 국민성을 향상시켜야 하는 것이 가장 급한 일이라고 생각합니다. 교수님은 중국의 왜곡된 교육 시스템 속에서 육성된 엘리트를 '교활한 이기주의자'라고 비판하셨는데 어떤 것을 말하는 겁니까?

첸리췬 몇 년 전, 한 좌담회에서 저는 다음과 같이 말했습니다.

"베이징대학을 포함한 중국 대학에서는 지금 교활한 이기주의자를 육성하고 있습니다. 그들은 IQ는 높지만 세속적이고 되바라진 데다 위선적 연기가 뛰어납니다. 게다가 체제에 영합하여 다양한 힘을 이용해 자신의 목적만을 추구하고 있습니다. 이런 자들이 관료가 되어 권력을 잡으면 지금보다 한층 더 폐해가 커질 것입니다."

이러한 저의 발언이 큰 반향을 불러일으켰습니다.

김문학 교활한 이기주의는 중국 교육의 실패를 이야기하는 건가요?

첸리췬 예, 그렇습니다. 개혁 개방 이래, 특히 최근의 중국 대학 교육은 주식회사와 같은 성격으로 변해버렸습니다. 학풍은 경박한 공리만을 추구하고 있습니다. 기술 수준은 향상되었을지 몰라도 학술 성과는 초라하기 그지없습니다. 교육 현장에 공리주의가 만연한 결과,

돈벌이가 우선되면서 학생의 질이 급속히 저하하여 최고학부인 대학에서도 더 이상 우수한 인재를 양성할 수 없게 되어버렸습니다.

그뿐이 아닙니다. '세계 일류의 대학을 만든다!'라는 슬로건 아래, 대학 강의실을 호텔 수준으로 호화롭게 만드는 등 외모에만 힘을 쏟고 정작 중요한 내실은 그에 전혀 미치지 못하고 있습니다. 이처럼 중국의 대학 교육은 보기 좋게 실패했습니다. 이렇게 되면 중국의 미래는 정말 우려스럽지 않을 수 없습니다.

김문학 그럼에도 불구하고 중국에는 '21세기는 중국의 세기'라고 주장하는 사람이 많네요. 교수님은 어떻게 생각하십니까?

첸리췬 터무니없는 말장난입니다. 루쉰이 간파한 대로 자국의 현상이나 실력을 전혀 이해하지 못한, 그야말로 어리석은 과대망상 그 자체입니다. 물론 그러한 용감한 슬로건이 일부 애국자나 체제 예찬파 지식인들에게는 '비원(悲願)'이라는 것은 이해 못하는 바는 아니지만요.

그러나 당연한 말이지만, 어떤 한 나라의 문화가 그냥 세계의 중심이 되지는 않습니다. 물론 경제 성장의 영향으로 중국 문화에 대한 이해가 넓어지고 세계에서의 주목도도 좋은 의미든 나쁜 의미든 높아질 가능성은 배제할 수 없습니다. 그렇다 하더라도 '21세기는 중국의 세기' 등과 같이 중국이 세계를 지배하는 시대가 온다는 것은 도저히 상상할 수 없는 일입니다.

김문학 동감입니다. 중국이 세계를 선도할 수 있는 지식 체계나 가치 체계를 세우지 않는 한, 단순한 허언 내지 망언에 불과한 말이라 생각합니다.

첸리췬 제가 한 말씀드리자면 21세기는 다문화의 세기입니다. 특정 문화나 철학도 전 세계적으로 유일하게 지배적인 것이 될 수 없는 것입니다. 한때 영국이 그렇게 하려고 하였지만 성공하지 못하였고 미국조차도 자신들이 생각하는 대로 세계가 따라주지는 않았지요.

중국이 그런 생각을 가지는 것 자체가 바로 백일몽에 불과합니다. "중국 문화는 이렇게도 멋지다!"나 "중국인은 세계에서 가장 위대한 민족이다!"와 같은 말을 하는 것이야말로 오히려 자신 없음을 드러내는 것일 뿐입니다.

공자의 힘으로 중국만을 구하는 것은 가능할지는 몰라도, 전 세계를 구하는 것은 불가능합니다. 유교는 단순한 하나의 사상에 불과합니다. 나는 평생 루쉰을 연구해왔지만 루쉰의 사상이 전부라고 생각한 적은 한 번도 없습니다. 저에게도 루쉰의 사상은 중요한 정신적인 원천 중의 하나에 지나지 않습니다. 그것조차도 제가 가진 하나의 견해에 불과합니다. 사상이나 문화는 그런 것입니다.

김문학 그렇다면 교수님은 21세기, 중국이 가야 할 방향은 어느 쪽이라고 생각합니까?

첸리췬 제 생각에는 동양문화와 서양문화의 뛰어난 부분을 흡수하는 방향으로 나아가는 것이 좋다고 생각합니다. 동양문화 중에서도 일본과 한국은 물론 인도 등의 문화에도 관심을 가져야 한다고 생각합니다. 이러한 문화를 모아 승화시켜가는 것이 중국이 나아가야 할 방향이라 생각합니다

왜곡과 은폐의 악습으로부터
역사의 진실을 지킨다
두려워하지 않는 역사학자가 토로하는 후세에 대한 사명

양텐스[楊天石]

– 중국 사회과학원 명예학부 위원, 근대사연구소 연구원. 저명한 근현대사학자로, 특히 중화민국사와 국민당의 연구 분야와 장제스[蔣介石] 연구의 제1인자

– 1936년 장쑤성[江蘇省] 출생

– 1955년 베이징대학 문학부 진학

– 1960년 졸업 후 중학교 교사로 근무

– 1978년 중국 사회과학원 근대사연구소에 근무

– 1994년 박사과정 지도교수

– 〈재팬 애즈 넘버원(Japan as number one)〉의 저자인 에즈라 보겔(Ezra Feivel Vogel) 박사와 같은 세계적인 학자와의 공동 연구 다수

– 주요 저서 : 〈선심진실적장개석(找尋眞實的蔣介石) : 장제스 일기 해독〉, 〈양텐스 근대사 문존〉, 〈양텐스 문집〉, 〈장씨비추여 장개석 진상(蔣氏祕梢與蔣介石眞相)〉, 〈주희(朱熹)〉, 〈해외방사록(海外訪史錄)〉 등 다수

양텐스[楊天石] 교수는 중국 근현대사 연구에 있어 엘리트 학자이다. 그는 30여 년 동안 근현대사의 진상을 찾아나서서 특히 금기로 여겨진 장제스 연구의 제1인자로 널리 알려진 인물이다. 그는 중국

본토에서 최초로 '장제스 일기'를 연구한 학자로, 2006년 3월 미국 스탠포드대학 후버연구소가 장제스의 일기를 공개하자 곧바로 도미하여 그 일기를 읽고 직접 자신의 육필로 그 내용을 옮겨적기도 하였다.

2008년부터 양 교수는 〈장제스 일기 독해 시리즈〉를 몇 권 출판하여, 중국의 사학계는 물론 일반 독자들 사이에서도 큰 반향을 불러일으켰다. 양 교수는 다음과 같이 주장한다.

"역사적 인물의 연구나 평가는 주로 당사자의 말과 행위가 근거가 됩니다. 장제스 일기는 당연한 말이지만, 사적인 내용이었기에 그가 살아 있는 동안에 단 한 번도 공개된 적이 없습니다. 그리고 실제로 제 눈으로 본 일기 속에는 정치에서의 비밀과 장제스 개인의 내심, 세계에 대한 그의 견해가 여기저기 기록되어 있었습니다. 그러므로 그 일기는 사료로서 중요한 가치가 있다는 것입니다. 그러나 일기라는 기록을 보는 것만으로는 연구가 될 수는 없습니다. 무수히 많은 문서나 문헌 등도 정밀하게 탐구하여 비로소 역사의 깊숙한 곳에 있는 비밀을 발견할 수 있는 것입니다."

그러던 중 어느 날, 양 교수가 상하이 도서관에서 일반인을 대상으로 강연을 하는데 종료 후에 나와 대담이 가능하다는 친구의 연락을 받았다. 나는 즉시 강연회장에 달려가 양 교수와 첫 대면을 하였다. 1936년생인 양 교수는 산뜻하고 담백한 기품 있는 분이었다. 대담은, 앞서 말한 상하이 도서관에서 진행된 '항일전쟁(중일전쟁)'에 관한 강연 내용을 화제로 시작되었다.

승자도 전쟁을 되짚어 보아야 한다

김문학 양 교수님의 항일전쟁 진상에 관한 강연을 감명 깊게 청취하였습니다. 그래서 전쟁에 관하여 어떻게 기억하고 또 되짚어야 하는지에 관한 화제로 이야기를 풀어갈까 합니다.

양톈스 그러시지요. 역사의 기억은 과거를 되짚어 보기 위해서 있다고 생각합니다. 과거를 되짚어 보고 이를 기반으로 실천에 옮기는 것이 역사 인식에서 가장 기본적인 요소입니다. 20년여 전까지는 항일전쟁에 대해 중국 공산당은 "장제스는 싸움에 소극적이며 일본에 반격하지 않고 산속에 숨어 있었음에도 불구하고 중국 공산당이 항일전쟁에서 얻은 승리의 성과를 훔치려 했다"라고 선전해왔습니다.

김문학 예, 맞습니다. 우리는 교과서에서 그렇게 배웠습니다.

양톈스 그러나 연구가 진행되고 있는 항일전쟁의 기록과 장제스의 일기를 비롯한 국민당 관련된 사실 관계를 구체적으로 연구해 보면, 중국 공산당이 내린 결론에는 큰 잘못이 있었던 것이 분명합니다. 역사의 기억은 되짚어 보는 것에 그 기반을 두어야 합니다. 항일전쟁의 기억을 바르게 인식하기 위해서는 군국주의 일본의 침략에 대해 더 세부적인 데이터와 실증적 연구를 쌓아야 합니다. 또한 왜 일본에 국토가 유린되었는지에 대해서도 자기 반성을 하여야 합니다. 전쟁에 관한 패자뿐만 아니라 승자도 전쟁을 되짚어 보아야 한다는 것입니다.

김문학 동감입니다.

양텐스 역사를 기억하거나 되돌아보는 행위가 왜 필요하느냐면 거기서 어떤 교훈을 얻을 수 있기 때문입니다. 그런데 역사의 기록에는 종종 진실이 은폐되거나 허언으로 덮어버리는 경우도 없지 않습니다. 그것을 과감하게 밝히는 것이 역사학자와 지식인의 사명이 아닐까 합니다.

역사의 생명은 진실에 있기 때문에 역사의 연구에 있어서는 어떠한 신성화나 왜곡은 절대 금물입니다. 그러나 이러한 금기가 깨지는 일이 여러 번 반복되었습니다. 물론 그렇게 된 것은 역사학자의 자질 문제로 치부할 수도 있지만 그들을 둘러싼 환경, 즉 체제의 문제가 제일 크다고 생각합니다. 권력자는 역사상의 사건이나 인물을 신성화 혹은 추악화할 것을 강요하기 때문에 학자나 일반 사람들도 흔히들 거기에 맞추지 않을 수 없게 됩니다.

중국과 같은 일당 독재 체제 하에서는 이러한 '강요하는 힘'이 매우 강하기 때문에 그 결과 잘못된 역사가 상식이 되어버리는 일도 많습니다. 그렇기 때문에 지식인의 양식과 양심이 필요한 것입니다.

김문학 양 교수님은 항상 진실을 추구하고 계시는군요. 다만 지금의 중국과 같은 환경에서는 쉽지 않은 선택이라고 생각됩니다만.

양텐스 말씀하시는 대로 역사의 진실을 찾는 길은 결코 평탄하지 않습니다. 저는 2002년에 장제스에 관한 책을 한 권 출판했습니다. 내용은 장제스가 비밀리에 보관하고 있던 서류에 의거하여 장제스의 생애를 연구한 것이었습니다. 그 책이 출판되자마자 몇몇 사람이 익명으로 정부 지도자에게 밀고의 편지를 보냈지요. "장제스는 어떤 인물인가? 전범 중의 전범으로, 중화 민족의 쓰레기이자 천고의 역적이 아닌가? 중국 사회과학원의 양톈스라고 하는 자가 공공연하게 장제스를 민족 영웅이라고 평하고 있으니 당 중앙에서 엄격하게 양톈스를 조사하여 엄한 처분을 내려야 할 것"이라는 내용으로 말이지요.

그런데 제 책에는 '민족 영웅'이라는 단어는 전혀 나오지 않는 데도 불구하고 당 중앙은 중국 사회과학원에 제 책을 검열하라고 명령하였습니다. 그 결과 어떻게 되었는지 아십니까? 결론은, 제 책은 '착실한 연구를 기록한 학술서'이며 '결코 장제스를 미화한 책이 아니다'라는 것이었습니다.

김문학 중국에서는 자주 있는 일이지요. 저도 이전에 비슷한 씁쓸한 경험을 한 적이 있습니다. 지식인은 대체로 두 종류입니다. 권력을 비판하고 진실을 추구하는 지식인과 권력에 아부하고 영합하는 타입인데, 그중 후자가 전자를 함정에 빠지게 하거나 권력을 방패로 만들어 전자를 궁지에 몰아넣는 것도 흔히 있는 일입니다. 물론 중국에는 후자 쪽이 압도적으로 많고요.

장제스 이야기로 되돌아가지요. 양 교수님는 근현대 인물 중에서 왜 장제스를 연구 대상으로 선택했습니까?

금기였던 장제스의 진상을 밝힌다

양톈스 중국 근현대사에는 수많은 인물이 등장하지만 중국의 운명과 역사의 진로를 바꾼 중심 인물은 그렇게 많지 않습니다. 청조 말기에는 캉유웨이[康有爲], 1911년에 발발한 신해혁명(辛亥革命) 시대에는 쑨원[孫文], 1919년에 일어난 반일, 반제국주의 운동인 5·4운동 이후에는 장제스와 마오쩌둥 정도입니다.

김문학 중국의 20세기는 장제스와 마오쩌둥의 세기라 할 수 있겠네요.

양톈스 예, 그렇습니다. 장제스와 마오쩌둥을 언급하지 않고서는 중국의 현대사를 논할 수 없지요. 그런데도 특히 장제스에 대한 평가나 역사 인식에 대해서는 극히 작위적인 왜곡이 이루어져 왔습니다.

제가 늘 하는 말입니다만, 장제스는 중국 현대 사상사에 있어 매우 중요한 인물이며 공과 과가 다 있는 복잡한 인물입니다. 마오쩌둥도 그에 대한 평가가 시기에 따라 180도 다릅니다. 중일전쟁 초기인 1938년 마오쩌둥은 옌안에서 열린 제6차 중국 공산당 중앙위원회 전체회의에서, 국민당 사상 가장 위대한 인물이 두 사람 있는데 그중 한 사람이 쑨원이고 다른 한 명은 장제스라고 말했습니다. 그런데 1945년 중일전쟁 종료 후, 마오쩌둥은 과거의 평가를 뒤집으면서 장제스를 인민의 적이라고 단정하였습니다. 현대 중국인의 장제스에 대한 평가도 마오쩌둥과 마찬가지로 상반되는 양상을 보이고 있습니다.

장제스는 중국 현대사의 수많은 역사적 대사건 속에서 만나게 되는 인물입니다. 청년기에는 쑨원을 좇아 신해혁명에 관여하였고, 그후 쑨원을 추방하고 임시 대통령에 이어 황제가 된 위안스카이[袁世凱]를 토벌하였으며, 광둥에서 정부를 세운 쑨원이 중화민국 베이징 정부의 타도를 목표로 시작한 '호법운동'에 투신하였습니다. 쑨원 사후에는 북벌을 통솔하며 공산당 토벌, 항일전쟁, 국공내전에 이르기까지 오랫동안 중국 최고 지도자로서 군림하였습니다.

그는 중국 공산당과 합작과 결렬을 반복하면서, 1949년에 중국 공산당에 패해 타이완으로 도망갔습니다. 하지만 그 후에도 평생 '반공복국(反共復國)'을 주장하며 하나의 중국을 견지하였습니다. 87세까지 살았으니 장수하였다 할 수 있겠지요.

그러한 장제스에 대해서 한편으로는 영웅이라 하기도 하고 다른 한편으로는 역사적 죄인이라는 양극단의 평가가 있지요. 그러나 이 극단적인 찬반은 모두 장제스의 실상과는 별개가 아닌가 생각하여 저는 그를 연구하게 된 것입니다.

김문학 장제스에 관한 진실을 아는 의의는 무엇이라 할 수 있나요?

양톈스 장제스와 그가 이끌었던 국민당의 진실을 탐구함으로써, 중국 근현대사에서의 실수와 왜곡을 바로잡을 수 있다는 것에 그 중요한 의의가 있다고 생각합니다. 그리고 국민당이 전개한 항일전쟁의 진실을 밝힐 수 있다면 타이완과의 평화적 공존에도 큰 도움이 되지 않을까 생각합니다.

마오쩌둥은 왜 일본군과 싸우지 않으면서 오히려 감사하다고 하였나?

김문학 2005년, 후진타오 국가 주석은 중일전쟁 승리 60주년 기념 강연에서, 항일전쟁은 국민당에 의한 정규전인 '정면전장(正面戰場)'과 공산당에 의한 후방에서의 게릴라전 '적후전장(敵後戰場)'이 함께 승리를 이끌었다고 말했습니다. 이때 처음으로 중국 공산당은, 국민당이 항일전쟁의 주체였음을 인정했죠.

양톈스 맞습니다. 그때까지 항일전쟁은 공산당이 절대적 주력군이라는 것이 '역사의 상식'이었습니다. 다른 쪽에서의 국민당에 대한 평가는 '소극항전, 적극반공(消極抗戰積極反共)'이라는 판에 박힌 말밖에 없었습니다. 마오쩌둥은 다음과 같이 장제스를 조롱하는 글을 쓴 적이 있습니다.

"항일전쟁의 시대에 장제스는 쓰촨성 어메이산[峨眉山]에 숨어서 항일을 위한 나무도 심지 않고 물조차 뿌리지 않았다. 항일전쟁이 중국의 승리로 끝나자 산에서 내려와 승리의 과실을 먹으려 하였다."

김문학 일본군이 항복한 것도 이른바 연합국의 일원인 중화민국, 즉 국민당의 장제스 정부에 대한 항복이었지요. 공산당은 실제로 무엇을 하고 있었던 건가요?

양톈스 조금 전 말했듯이 공산당은 주로 적의 후방에서 싸우는 전법을 선택했습니다. 이것은 군대로서의 힘이 없었기 때문이라고 생각합니다. 한마디로 말하자면 후방에서 게릴라전을 전개하고 있었습니다. 정면에서 일본군과 싸운다 하더라도 당할 수 없었기 때문에 배후에서 접근하여 적을 교란하거나 소규모의 게릴라전으로 대항하려고 한 것입니다.

정면에서 주력군으로 싸운 것은 국민당군이었습니다. 1937년 발생한 루거우차오[盧溝橋] 사건을 계기로 중일전쟁에 돌입하게 되었는데, 그때부터 일본군과 싸운 것은 장제스가 이끄는 국민당군이었습니다. 장제스는 상하이에서 일본군을 공격하였지만 패했지요. 그 때문에 당시의 거점이었던 난징에서 후퇴하여 쓰촨의 충칭에 새로운 거점을 두고 항전을 계속하였던 것입니다.

한편 마오쩌둥은 전화(戰禍)를 피해 옌안에 도착하자 전황을 방관하였습니다. 그 후 1936년, 일본군에 살해된 장쭤린[張作霖]의 아들 장쉐량[張學良] 등이 장제스를 납치한 시안사건[西安事件]이 발생하였는데, 장쉐량이 주장한 공산당 토벌 중지와 구국 전선 결성 등을 조건으로 장제스가 풀려났고 이를 계기로 국공 합작이 성립한 것입니다.

이에 마오쩌둥도 항일 투쟁을 주장하였지만 전투에는 실제로 매우 소극적이었습니다. 그렇게 하는 것이 마오쩌둥에게는 하나의 장기 전략이었습니다. 그것은 국민당과 일본군이 서로 싸우게 하여 둘 다 피폐하게 만든다는 것이었지요. 그 와중에 옌안에서 군사력을 축적하고 일본군이 중국에서 떠날 때, 약화된 국민당군을 일거에 무너뜨리겠다는 것이 마오쩌둥의 생각이었습니다.

김문학 마오쩌둥은 전쟁 당시부터 어부지리(漁父之利)를 노리고 있었군요.

양텐스 예, 말씀하시는 대로입니다. 실제로 마오쩌둥은 1964년 중국을 방문한 일본 사회당 좌파 의원단과 회견했을 때, 대표였던 사사키 고조[佐佐木更三]에게 다음과 같이 말하였습니다.

"당신들 일본 황군이 중국을 침략하지 않았다면 중국 인민은 단결하여 당신들에게 대항할 수 없었을 것이고, 중국 공산당은 정권을 쟁취할 수 없었을 것입니다."

김문학 마오쩌둥은 일본인에게 진심으로 감사하게 생각하였던 모양이네요. 그는 술은 마시지 못했지만 일본군 승리 소식이 있을 때만은 축배를 들고 기뻐했다고 하더군요.

양텐스 아시다시피 중국 교과서에서는, 마오쩌둥이 이끄는 중국 공산당군은 북쪽으로 향해 일본군과 싸우는 '북상항일(北上抗日)'을 하기 위해 장정(長征)을 시작했다고 대대적으로 떠들고 있습니다. 그런데 '북상항일'은 거짓말입니다. 실은 '장정'이라는 것은 단순한 도망에 불과한 것입니다. 중국 공산당군은 옌안까지 도망치면서 장제스를 일본군과 싸우게 했습니다. 마오쩌둥은 학생들에게 "장제스는 항일에 소극적인 매국노다"라고 말하면서 "우리 공산당이야말로 인민을 위해 항일 투쟁을 벌이고 있다"라고 선동하였습니다. 그리고 일본 제품 불매 운동 등도 했습니다. 그러자 장제스는 매국노라는 딱지가 붙을까 두려워 일본군과 싸우게 된 것입니다.

장제스는 일본 유학을 통해 군사 전략을 배운 군인이었기 때문에 전문 병사만 싸우게 하였습니다. 한편 마오쩌둥은 농가 출신이었기 때문에 그의 군사들은 농민들뿐이었습니다. 그래서 마오쩌둥은 농민을 이끌고 토지개혁을 단행해 농지를 지주로부터 빼앗아 농민에게 주었습니다. 이렇게 하여 농민의 신뢰를 얻으면서 차례로 그들을 동원할 수 있었던 것입니다.

장제스 일기에서 알 수 있는 국제 정치의 진실

김문학 양 교수님은 그런 장제스의 일기를 미국에서 전부 손으로 옮겨 적었다고 들었습니다. 내용의 신빙성이 있다고 보십니까?

양톈스 장제스는 1915년부터 1972년까지 60년 가까이 계속 일기를 썼습니다. 일기라는 것은 어디까지나 개인의 메모에 불과한 것이지만 그날 그날의 일을 기록하고 그 경험을 모아둔다는 것에 의의를 두고 있었습니다. 그의 일기는 순전히 개인적인 메모로 누군가에게 보여주기 위한 것이 아니었으므로 거짓말을 할 필요가 없습니다.

그렇다면 그런 '장제스 일기'의 역사적 가치는 어디에 있는 것일까요? 사실 중국 공산당의 마오쩌둥과 류샤오치[劉少奇], 저우언라이[周恩來], 주더[朱德] 같은 지도자들은 일기를 쓰지 않았습니다. 세계 정치사에 있어서도 60년 간이나 최고 지도자가 일기를 계속 쓴 사례는 아마 없을 것입니다. 그의 일기를 읽으면 세 가지를 알 수 있습니다. 첫 번째는 장제스의 내면이고, 두 번째는 당시의 정치적 내막, 세 번째는 국제 정치의 숨겨진 진실입니다. 장제스 일기의 역사적 가치는 매우 귀중하다고 할 수 있습니다.

그렇다면 장제스는 도대체 어떤 인물이었을까요? 저는 다음 세 가지 관점에서 평가하고 싶습니다.

첫째, 장제스는 민족주의자입니다. 그는 일생을 통해 민족의 진흥을 추구하였고 가능한 한 국가의 주권을 지키려 한 정치가였습니다. 중국 본토에서는 그를 '미국 제국주의의 앞잡이'라고 비판했지만, 실제로 그의 일기에는 '미국은 정의가 없는 나라'라고 쓰여 있습니다. 타이완이 만약 중국 본토를 공격한다면 원자폭탄을 빌려주겠다고 미국은 세 번이나 말했지만 장제스는 모두 강하게 거절하였습니다. 센카쿠열도를 둘러싼 영토 분쟁에 대해서도 장제스는 "땅끝까지 하나도 양보하지 않겠다"라고 주장하였습니다.

둘째, 장제스는 개혁자입니다. 그가 공산당에 반항한 것은 공산당이 사유제 억제를 주장하였기 때문입니다. 장제스는 사유제를 인정했습니다. 또한 "중국 공산당은 계급 투쟁을 했지만 국민당은 오히려 계급의 통합을 목표로 한다. 공산당은 무산 계급의 이익을 대표하지만 국민당은 전 국민의 이익을 대표한다. 이것이 중국 공산당과 국민당의 큰 차이다"라고 장제스 본인이 말하고 있습니다.

셋째, 장제스는 중국 전통 문화, 기독교 교리, 쑨원 사상의 숭배자입니다. 그는 전통 문화를 지켜야 한다고 주장하며 평생 존경하였던 인물이 양명학의 창시자로 알려진 왕양명(王陽明)과 쑨원 등이었습니다. 실제로 예를 들면 1966년 대륙에서 예부터 내려온 불교 사원 등 '구 문화'를 파괴하는 문화대혁명이 시작되었을 무렵, 장제스는 타이완에서 '중국 문화 르네상스 운동'을 전개하였습니다.

또한 그는 기독교의 '박애구세(博愛救世)'를 믿었습니다. "기독교의 중심 교리는 사람을 사랑하라는 '애인(愛人)'이지만, 중국 공산당의 계급 투쟁은 인간을 미워하는 '한인(恨人)'이다. 그러니 나는 '한인'이 아닌 '애인'을 선택한다"라고 말했습니다.

일제 시대 단련된 군인으로서의 강건함과 실질 존중

김문학 그럼 마오쩌둥이 이끄는 중국 공산당과 장제스 국민당의 차이는 어디에 있다고 생각하십니까?

양톈스 중국 공산당과 국민당의 결정적 차이는 광대한 농촌과 농민의 힘을 장악하였는가 여부에 있습니다. 특히 중일전쟁 당시, 중국 공산당은 농촌에 침투하여 민족주의를 호소하면서 광범위한 항일 게릴라전의 근거지를 확보했습니다. 국민당의 손이 닿지 않은 농촌이라는 공백 지대를 중국 공산당이 장악한 것이지요. 그리고 전후의 국공내전에서 중국 공산당은 게릴라전의 근거지를 점에서 선으로,

다시 선에서 면으로 연결하여 농촌에서 도시부에 있는 국민당군을 포위하는 전략을 전개하여 승리를 얻었습니다.

김문학 달리 말하자면 장제스의 패인은 농촌 전략에 있었던 셈이군요.

양텐스 맞습니다. 농촌을 효과적으로 장악하지 못한 것이 큰 원인이었습니다. 그와 함께 경제 정책에 있어서의 실정, 일당 독재와 개인 독재, 국민당 내부의 부패 등도 패인으로 꼽을 수 있습니다. 장제스 자신은 청렴 결백하였고 검소한 생활을 매우 좋아했습니다. 그러나 반부패를 철저히 하지 못하였기 때문에 인민이 국민당을 떠나버린 것입니다.

김문학 장제스는 청년 시절 일본의 군인양성학교에 유학하여 군사 전략을 배우면서 일본 문화 속에 있는 청렴함과 무사도 정신에 빠졌습니다. 추운 겨울에도 냉수로 세수하고 차가운 주먹밥을 먹는 등 소박한 생활을 보내면서 강건한 군인으로서의 일면을 키웠습니다. 장제스가 부인인 쑹메이링[宋美齡] 여사와 그다지 뜻이 맞지 않았던 것도 그러한 생활 스타일의 차이에 있었다고들 합니다.

양텐스 맞습니다. 장제스는 자기 중심적이고 독재자였지만 항상 자성하는 것도 게을리하지 않았습니다. 그의 장점은 끈질기게 노력한다는 것이었고, 반대로 단점은 여자를 좋아하고 거칠고 쉽게 의심하며 비뚤어진 눈으로 본다는 것입니다. 그러나 장제스가 공금 횡령이나 독직 등 부패에 손을 댄 예는 하나도 발견되지 않았습니다.

일상 생활에서도 그는 뜨거운 물만 마실 뿐 차조차 그다지 좋아하지 않았습니다. 또한 자신의 아이들에 대해서도 엄격하게 대하였습니다. 차남인 장웨이거[蔣緯國]가 중일전쟁 종료 후 한 칸짜리 별장을 손에 넣게 되었습니다. 한편 당시 국민당 간부는 다른 사람의 집이나 자동차를 마음대로 차지하여 갖고 있었습니다. 형인 장징궈[蔣經國]가 아버지 장제스에게 이 사실을 전했습니다. 그러자 장제스는 차남에게 그 별장을 돌려주라고 명령하였습니다. 실제로 일기에도 "이 아이는 가풍을 더럽혔다"라고 쓰여 있습니다.

김문학 장제스의 공과 과는 무엇입니까?

양톈스 요약하자면 세 개의 '큰 공'과 세 개의 '큰 과'가 있습니다.

우선 큰 공 중 첫 번째는, 1920년대의 북벌로 각지의 군벌을 쓰러뜨려 중국 통일을 이룬 것이고, 두 번째는 항일을 한 것입니다. "공간에 따라 시간을 바꾸고 작은 승리를 쌓아서 대승을 거둔다"라는 지구전 전략을 전개했습니다. 그는 강력한 일본군에 대한 전략으로 참을성 있고 '지는 듯하지만 승리'하는 지구전을 고안한 것입니다. 1936년에 이미 이 지구전을 고안하여 연해부에서 내륙으로 후퇴하여 쓰촨에 기지를 만들었습니다. 그리고 세계의 동맹국과 연합하여 공동으로 일본군을 무찌르는 전략을 세웠지요.

김문학 중국에서는 '지구전'이 마오쩌둥의 아이디어라고 알려져 있는데 실은 장제스가 생각해낸 전략이군요.

양톈스 맞습니다. 세 번째 큰 공은 현대 타이완의 건국입니다. 한편 장제스의 큰 과의 첫 번째는 전전(戰前)의 공산당 토벌이고, 두 번째는 3년에 걸친 국공내전이며 마지막 세 번째 큰 과는 타이완 통치 시대에 반체제 인사들을 철저히 탄압한 '백색 테러'를 단행한 것입니다.

역사학은 공산당을 위한 도구가 아니다

김문학 그렇군요. 양 교수님에게 역사를 배운다는 것은 어떤 의미가 있는 것입니까?

양톈스 아시다시피 중국에서는 역사의 진상을 은폐하거나 거짓말하거나 왜곡하는 행위가 상시적으로 진행되어 왔습니다. 그러나 역사의 생명은 진실에 있기 때문에 역사적 사실을 정리하고 진실을 찾아내는 것이 저의 일입니다. 사실이라는 것은 객관적 존재이기 때문에 단 하나밖에 없습니다. 이와 동시에 사실은 사고의 토대이며 또한 과거의 역사적인 기술에 대한 과학성을 점검하는 최대의 기준이라고 생각합니다.

물론 각자의 입장이나 이해 관계, 가치관이나 정치적 요인, 그밖에 교양과 개개인의 성격이 역사적인 사실에 대한 인식이나 해석, 평가에 큰 영향을 미친다는 것도 사실입니다. 그러나 우리 모두 역사적 사실을 존중하고 서로 인정한다면 대화나 토론을 건설적으로 할 수 있게 됩니다. 역사, 특히 정치사는 국가, 민족, 계급, 집단, 파벌과 개인 간의 싸움의 연속이기 때문에 역사학자는 문헌 자료를 널리 읽고 객관적이고 명확한 판단을 내려야 합니다.

　제일 먼저, 도대체 사실이란 무엇을 말하는 것입니까? 당을 위해 봉사하는 도구일까요? 아니면 과학적인 것일까요? 그 대답은 분명합니다. 역사적 사실이 도구가 되면 반드시 당이나 민족의 요구에 맞추어 역사적 사실을 숨기거나 왜곡하게 됩니다. 중국 본토에서의 역사학에 있어 이러한 폐해가 미치는 곳이 눈에 뜨입니다. 중국인은 일본의 역사관을 자주 규탄하지만 중국 대륙의 역사 연구나 역사 인식에도 큰 결함이 있다고밖에 말할 수 없습니다. 그러므로 지금이야말로 역사적 사실을 제대로 정리하여 역사에 묻힌 진실을 밝혀야 합니다. 이것을 착실하게 해내는 것이 저의 사명이라 생각합니다.

중국사의 이면을 관통하는 폭력적 사회 원리

문화사의 권위자가 발견한 '또 하나의 중국 사회'

왕쉐타이[王學泰]

- 전 중국사회과학원 문학연구소 연구원. 중국 유민(遊民) 및 유민문화 연구의 1
  인자
- 1942년 베이징 출생.
- 1964년 베이징사범학원(현 셔두우사범대학) 문학부 졸업
- 1970~1980년 베이징중학교 교사
- 1975~1978년 반혁명죄로 베이징 감옥에 수감
- 1980년 이후 중국 사회과학원 문학연구소에 재직, 동 대학원 교수
- 대담 후 2018년 1월 베이징에서 병사
- 주요 저서 : 〈유민문화와 중국 사회(遊民文化與中國社會)〉, 〈화하음식문화간사(華
  夏飲食文化簡史)〉, 〈중국인의 음식 세계(中國人的飲食世界)〉, 〈관인관사(官人官事)〉,
  〈중국유민(中國遊民)〉, 〈수호와 강호(水滸與江湖)〉, 〈감옥쇄기(監獄瑣記)〉 등 다수

왕쉐타이[王學泰] 교수는 독자적으로 발전시킨 '유민문화론(遊民文化論)'으로 잘 알려진 학자이다. 이 사고 방식은 중국 지식계에 큰 충격을 주었다.

원래 유민(遊民)이란 무엇을 말하는가? 이들은 협객, 도박꾼, 강도,

마적이나 깡패, 건달, 무법자 같은 무리를 말한다. 다만 마오쩌둥은 이들을 농촌의 무산 계급, '룸펜 프롤레타리아'로 정의하고 자신의 군대인 '적군(赤軍)'에 편입하였다.

그런데 이런 유민의 존재는 왕 교수가 등장하기 전까지는 중국의 학계나 역사 연구에서 완전히 망각되거나 간과되어 왔다. 그런 유민들로 구성된 유민 사회와 겉으로 드러난 세상의 그늘에 숨은 그 '이면 사회'를 체계적으로 연구한 학자가 바로 왕 교수이다. 나도 1999년, 왕 교수의 저서를 읽고 큰 감명을 받은 바 있다. 그야말로 '또 하나의 중국 사회'가 생생하게 그려져 있었기 때문이다. 내가 베이징에 있는 왕 교수의 집을 방문한 것은 2017년 6월이었다. 실례되는 표현이지만 왕 교수는 학자라기보다 베이징의 뒷골목에서 만날 수 있는 보통 아저씨 느낌이 나는 푸근한 남자였다.

그러나 그 친근한 외형과는 달리 매우 두텁고 강한 기질이 그를 관통하고 있다는 것을 느낄 수 있다. 왕 교수는 1960년 초 베이징사범학원 문학부 학생이었을 때, 반동(반체제, 반혁명) 학생으로 몰려 1975년 '우파(자본주의자)'라는 죄명으로 감옥에서 3년을 보낸 경력을 가지고 있다. 왕 교수는 이렇게 말한다.

"옥중생활에서 저는 수많은 서민을 가까이서 접하면서, 그들의 삶과 사고 방식, 행동 양식의 깊은 곳까지 알게 되었습니다. 이를 계기로 저는 하층 사회와 유민 연구를 시작한 것입니다."

그런데 그런 담대한 왕 교수는 지금의 중국에 대해 어떻게 생각하고 있을까. 곧바로 그의 이야기를 들어 보자.

저변에 떠도는 '유민'은 어떤 존재인가?

김문학 유민(遊民)은 어떤 사람들을 말하는 것입니까?

왕쉐타이 유민은 한마디로 하층 서민을 말합니다. 그런 하층 서민의 사회는 마치 세상으로부터 배척받은, 이름도 성도 없는 호걸들이 힘을 합쳐 나라를 구하는 〈수호전〉의 세계 그 자체를 말합니다. 악한이나 유랑민 또는 도박꾼들의 아지트입니다. 그런 세상에 매료된 저는 이른바 중국판 〈겐지 모노카타리[源氏物語]〉인 18세기 명작 〈홍루몽(紅樓夢)〉』 연구보다, 명대에 쓰인 무협 소설 〈수호전(水滸傳)〉의 연구에 몰두하게 되었습니다. 그렇게 하는 것이 중국 사회를 이해하는 데 훨씬 도움이 된다고 생각했기 때문입니다.

실생활에 있어서도 정치범으로서 투옥되어 옥중에서 많은 유민과 악당을 만났습니다. 흥미로운 것은 그들은 이성이나 논리는 전혀 안중에도 없었으며 추호의 망설임도 없이 폭력 행위로 내닫는다는 것이었습니다.

김문학 확실히 폭력이라는 것은 중국사를 관통하는 하나의 생존 원리이자 사회 원리인 셈이군요.

왕쉐타이 예, 그렇습니다. 그래서 저는 중국 사회의 겉만 볼 것이 아니라 이러한 유민들의 세계인 소위 '이면 사회'에 주목하였고, 급기야 전문서를 쓰기에 이르렀습니다.

김문학 그러셨군요. 왕 교수님의 중요한 업적은 루쉰이 쓴, 중국 근대 소설의 최고 걸작으로 여겨지는 '아Q정전(阿Q正傳)'의 주인공인 '아Q'의 신분에 대한 새로운 해석에 있습니다. '아Q'는 농민이 아니라는 것이 왕 교수님의 주장이신 거죠?

왕쉐타이 예, 맞습니다. 저는 1980년대부터 중국 사회과학원 문학연구소에서 유민 문제에 대해 연구하였습니다. 우선 제가 주목한 것은 '아Q'라는 인물입니다. 그때까지의 연구자들은 아Q를 무지한 농민으로 간주해 왔습니다. 하지만 제 생각에 아Q는 농민이 아닙니다. 사실은 루쉰은 중국인의 '열등성'을 문학적으로 제시하기 위해 아Q라는 인물을 등장시킨 것입니다.

아Q는 도시와 시골을 방랑하는 유민의 전형적인 인물로 직업이나 거처는 물론 가정이나 법도도 없는 단순한 유민입니다. 게다가 성씨도 모른다는 겁니다. 이 아Q의 모습이야말로 전형적인 유민의 그것이 아닐까 합니다.

김문학 그렇군요. 루쉰이 문학적인 상징으로 등장시킨 유민을, 왕 교수님은 이론적으로, 학문적으로 탐구한 것이군요. 그렇다면 유민에 대해 더 구체적으로 말씀해 주십시오.

왕쉐타이 유민이란, 직업이나 일하는 곳을 잃고 유랑하는 사람들을 가리킵니다. 유민이라는 개념은 기원전부터 책에 등장합니다. 청나라

시대가 되면 유민들은 악당이나 건달 또는 야쿠자와 같은 취급을 받게 됩니다. 1949년 중화인민공화국 건국 이후에도 정부는 유민을 개조하기 위한 캠페인을 전개한 적도 있었습니다.

김문학 굉장히 유구한 역사가 있군요. 유민의 정의 또는 그 특징은 무엇이라 할 수 있습니까?

왕쉐타이 대체로 다음과 같은 네 가지 특징이 있다고 생각합니다.

첫째, 뿌리로부터의 반사회성입니다. 우선 바깥에 드러난 사회에는 속하지 않는 무뢰한이라고 할 수 있겠지요. 그런데 일단 천하가 흐트러지면 그것을 기회로 권력이나 지위 또는 이익을 얻기 위해 야심차게 움직입니다.

둘째, 적극적인 공격성입니다. 서슴지 않고 상대나 적에 대해 실력 행사하려고 합니다. 자신의 이익을 얻기 위해서라면 폭력이나 무력을 사용하는 것에 대해 전혀 고민하지 않습니다. 그야말로 〈수호전〉의 세계입니다.

셋째, 일치 단결성입니다. 이해 관계가 일치되면 동료와 일치 단결합니다. 서로 의형제 관계를 맺고 일이 벌어지면 일제히 행동으로 옮기는 것입니다. 〈삼국지〉에 등장하는 유비, 관우, 장비 등의 유명한 도원결의가 그 전형입니다. 보다 큰 조직으로서는 '방회(幫會)', 즉 비밀결사인데, 달리 말하자면 중국 마피아입니다. 물론 폭력이 그 첫 번째 토대이고요.

넷째, 반지성, 반문명성입니다. 지식이나 교양, 문명과 같은 개념과는 거리가 멀고, 물리적인 완력이나 폭력만이 자신들이 사는 세계의 가치관이자 행동 양식입니다.

〈수호전〉이 아직도 인기 있는 진짜 이유

김문학 중국의 역사를 계속 관철해 온 것 중 하나가 폭력 원리라는 것이군요.

왕쉐타이 맞습니다. 실제로 중국 역사 교과서에도 등장하는 중국 역사상 최초의 농민 반란을 일으킨 진승(陳勝)과 오광(吳廣), 명조를 세운 주원장(朱元璋), 그 명을 멸망시킨 이자성(李自成), 태평천국의 난의 주모자인 홍수촨[洪秀全] 이들 모두는 예외없이 농민 출신으로, 유민을 조직하여 난리를 일으킨 우두머리지요.

김문학 20세기 초, 중화민국 시대에는 비적(匪賊)이 나타났지요. 예를 들면 만주의 통치자로 일본군에 살해된 장쭤린도 그렇습니다. 당시 신문은 "우리나라는 국체는 잃어버리고 비적으로 변해버렸다"라고 한탄했을 정도였지요.

왕쉐타이 맞습니다. 1911년부터 1949년까지 비적은 중국 전역을 휩쓸고 다녔습니다. 1930년의 비적의 수는 2,000만 명에 이르렀습니다.

김문학 실제로 방회(幇會)의 비밀 결사는 중화민국 시대에 군, 경찰, 금융, 언론, 서비스업계에서부터 최하층 육체 노동자의 세계에 이르기까지 중국 사회의 모든 곳으로 진출했습니다.

왕쉐타이 그렇습니다. 그런데 왜 중국인이 〈수호전〉을 비롯한 무협 소설을 그렇게도 좋아하는지 아십니까?

김문학 중국에는 왕 교수님이 말씀하신 대로 유민이니 비적을 낳을 수 있는 풍토가 있기 때문이 아닐까요? 그리고 무협 소설이나 영화에서의 권선징악이라는 것이 남자의 로망을 충족시켜주면서 중국인 취향에 맞는 측면도 있을 것이고요. 그렇지만 역시 그 첫 번째 이유는 폭력에 대한 일종의 향수 때문이 아닐까요?

왕쉐타이 말씀하시는 대로입니다. 사실 흔히들 말하는 바와 같이 중국인에게는 자주 독립의 정신이 부족합니다. 그럼 왜 그토록 단합하라고 하거나 하나의 사상만을 신봉하라고 외치는 것일까요? 실은 단결을 호소하는 것은 폭력적인 내부 투쟁이나 내분을 막기 위한 것입니다.

예를 들면 문화대혁명 때 마오쩌둥은 사리사욕을 위해 그때까지 동료였던 류샤오치와 덩샤오핑 등을 타도하면서 국민에게 단결을 호소했죠. 그럴 때에 대의명분을 슬로건으로 내세웠던 것도 특징적인 행동이었지요. 문혁 때도 '나라를 위해', '당과 인민의 이익을 위해'라고 하였던 것처럼 말이지요. 이렇게 말로 자신들의 투쟁과 폭력 행위를 정당화하였던 것입니다.

김문학 타이완의 인류학자로 2017년 돌아가신 리위웬[李亦園] 씨는 '큰 전통과 작은 전통'이라는 이론을 펼쳤습니다. 큰 전통이란 공자를 대표로 하는 엘리트로 이른바 사대부나 지식인의 문화를 말하는 것이고 작은 전통이란 중화권에서는 신으로 추앙받고 있는 관우를 대표로 하는 보통 사람들의 문화라는 것입니다. 왕 교수님은 이것에 대해 어떻게 생각하십니까?

왕쉐타이 중국에서는 서민의 대중문화와 사대부의 엘리트문화가 그다지 큰 차이가 없지 않을까요? 물론 한쪽은 저속하고 한쪽은 문명적이라는 차이는 있습니다. 하지만 〈수호전〉에 등장하는 호걸들의 본거지였던 양산박에서 그들이 내건 슬로건 '체천행도(替天行道)'는 매우 시사적입니다. 그 의미는 "하늘로 바뀌어 길(옳은 일)을 만든다"라는 것으로 이것은 물론 양산박이 내걸었던 것이었으니 대중 속에서 생겨난 말이라 할 수 있을 것입니다.

그런데 실은 대중의 사상이기도 한 동시에 엘리트층의 사상이기도 한 것입니다. 대중에게는 지배자에게 저항할 때의 깃발이 되는 한편, 엘리트에게는 제왕을 보좌하여 왕도를 실행하는 이론적 근거도 됩니다.

'의(義)'와 '이(利)'를 동시에 중시하는 독특한 가치 판단

김문학 그 말은 대중 또는 서민과 엘리트 또는 사대부는 대립 관계라기보다는 상호 보완의 공생 관계라고 할 수 있겠네요. 한편 왕 교수님은 중국 유민 문화의 가장 핵심적인 성격은 '의(義)'라고 말씀하셨는데요. 중국인은 '의(義)'의 민족이라는 말씀인가요?

왕쉐타이 말씀하시는 대로입니다. '의(義)'라는 말에는 다양한 해석이 가능합니다만, 유교에 있어서의 오상(五常)인 '인·의·예·지·신(仁義禮智信)'의 하나로, 사람으로서 당연히 해야 할 일이라는 의미가 일반적이지요. 〈논어〉에 나오는 "의를 보고 행하지 않음은 용기가 없음이니라"라는 말은 유명하지요. 사람으로서 당연히 해야 할 일을 알면서도 그것을 실행하지 않는 것은 용기가 없다는 의미가 되겠지요.

중국인은 지금도 사람을 평가할 때 자주 '강의기(講義氣)'라고 말합니다. 이것은 의협심을 중시한다는 것으로 의가 중요한 도덕적 가치 판단의 기준이 됩니다. 그런데 사실은 유교에서 '의(義)'와 '이(利)'는 밀접합니다. 유민에게 '의(義)'와 '이(利)'는 동격입니다. 의협심은 유민들에게 인간 관계에서의 접착제와 같은 것으로서 이것의 유무가 곧 신뢰의 유무가 되는 것입니다. 다만 이것은 단순한 봉사 정신이나 다른 사람에게 무상 봉사하는 것과는 다릅니다. 거기에는 일종의 이익 계산도 포함되어 있다는 것입니다. 의협심을 발휘한다는 것은 '투기(投機)'와 같은 것이라고 말할 수 있습니다.

예를 들면 〈수호전〉의 주인공인 송강(宋江)은 양산박에 모인 108

명의 우두머리였는데, 그의 특징은 항상 금전으로 친구와 사귄다는 것이었습니다. 그러므로 17세기 문예평론가 진성탄[金聖嘆]은 송강을 '이은자교우(以銀子交友, 돈으로 친구를 사귄다)'라고 비난하면서 등장인물 중 '최하위'라고 말하였습니다.

김문학 그렇군요. 저는 저의 졸저 〈일본인·중국인·한국인〉에서 한중일의 국민성을 비교하였는데, 그 특질로 중국인은 '의(義)', 일본인은 '화(和)', 한국인은 '정(情)'이라고 했습니다. 중국인의 '의'는 '이'가 자신의 것이 될 때 작동합니다. 이익을 우선하는 경향은 일본인보다 훨씬 강하지요.

왕쉐타이 흥미로운 지적입니다. 그러니까 중국인에게 '유정우의(有情友義, 애정이 있고 의무심이 있는 친구)'야말로 가장 좋아하는 인간상이 됩니다. 물론 이익이 가장 큰 비중을 차지하고 있긴 합니다만. 또한 평소 중국인의 입에 자주 오르내리는 속담에 '출문고붕우(出門靠朋友, 집 밖에서는 가장 친한 친구에 의존한다)'와 '다일개붕우 다일조로(多一個朋友多一條路, 친구가 많으면 그만큼 길을 개척할 수 있다)' 등이 있습니다. 이 말에 중국인의 '의'와 '이'에 대한 의식이 간결하게 잘 표현되어 있는 것이지요.

민주화 사회를 만들기 위한 단 하나의 길

김문학 문화인류학에서는 인간 관계를 동심원으로 표현합니다. 자신을 중심으로 자신으로부터 가장 가까운 원을 '인정권(人情圈)', 그 바깥을 '의리권(義理圈)', 가장 바깥을 '공공권(公共圈)'이라 부릅니다. 한국인은 인정권, 중국인은 의리권, 일본인은 공공권이 민족적인 특징이라고 할 수 있을 것입니다. 한국인은 민주화에 의해 공공권이 성숙하고 있지만 중국인은 아직도 공공권에 도달하지 않습니다.

왕쉐타이 재미있는 지적이군요. 확실히 중국인은 인정권이나 의리권에서 벗어나지 않습니다. 공공 장소에서도 질서가 없고 사람들은 자기 중심적이고 무신경하게 행동할 뿐입니다. 지인끼리라면 서로 예의바르게 쉽게 양보하거나 배려하지만 공공 장소에서는 타인에 대한 의식이 결정적으로 부족합니다. 이러한 사람들이 여행 등으로 외국에 가면 현지인에게 큰 폐를 끼치게 되는 것입니다.

또 하나 특기할 것은 중국인은 역사적으로 대가족 내의 규칙이라고 할 수 있는 '종법(宗法)'이 절대적인 사회에서 살았기 때문에 개체로서 독립한다는 정신이 좀처럼 자라지 않는다는 것입니다. 송나라시대부터 근대까지 일반적으로 대가족의 족장은 지위가 높은 사람이 선택되어 왔습니다.

솔직히 말하자면 현대 중국도 거대한 종법 사회라 할 수 있습니다. 예를 들면 문화대혁명 당시 아이들에게 '우리는 마오쩌둥 주석의 좋은 아이'라고 교육한 것도, '당은 부모보다 더 가깝다'라고 외쳤던 것도 모두 종법 사회 그 이상도 그 이하도 아닌 것이었지요. 이러한 관습에 뼛속 깊이까지 물든 중국인은 자신의 머리로 생각하기보다는 위로부터의 지시는 있는지 또는 마음대로 행동하면 혹시 죄가 되지는 않을까 하면서 위축되어버립니다. 그래서 중국인은 진정한 의미에서 독립된 시민이 되기 어렵고 아무리 세월이 흘러도 시민으로 구성된 사회가 형성될 수 없습니다.

김문학 개혁 개방된 지 40년 이상이 되었음에도 일본과 한국 같은 한자문화권 국가와 비교해 볼 때 국민성의 정체가 눈에 뚜렷이 잘 보입니다. 그런 중국 사회의 진로에 대해 왕 교수님은 어떻게 생각하십니까?

왕쉐타이 현재 중국 서민들은 경제 문제와 사회적 곤궁에 직면하고 있습니다. 또 위정자들에게는 그러한 현실을 어떻게 할 것인가 하는 정치적 난제가 산재해 있습니다. 중국은 자국의 역사와 외국 것 중에 효과 있다고 생각되는 것만을 선택하여 자국 사회에 이식하려고 노력하고 있습니다. 하지만 그것은 말처럼 쉬운 일이 아닙니다. 게다가 불행스럽게도 결과적으로 마이너스가 되는 단점만 접목하기 때문에 더욱 그렇습니다.

현재 국민 모두 돈벌이에 매진하고 있습니다. 그러나 경계해야 할 것은 우리는 눈앞의 이익에만 집착하여 장대한 목표나 다양한 사고가 결여되어 있다는 것입니다. 역사를 되돌아봐도 알 수 있듯이 그래서 항상 비극을 만나는 것이고요.

김문학 왕 교수님이 말씀하셨던 시민 의식과 시민 사회는 실현될 수 있을까요?

왕쉐타이 바로 그 점입니다. 앞서 언급했듯이 시민 사회는 아직 중국에 존재하지 않습니다. 시민 사회의 본질에 대해서 논하는 사람도 있습니다만, 대부분은 NGO나 NPO 또는 싱크 탱크 등의 극히 일부의 사람에 한정되어 있습니다. 일반 서민은 시민 의식을 전혀 갖추고 있지 않습니다. 당연한 이야기이지만, 시민 사회는 시민 의식이 있는 사람들로 구성됩니다. 서민이 시민으로서의 자각, 즉 자신의 권리와 의무, 무엇보다 '공공'이라는 공간과 그 개념을 의식하지 않는다면 시민 사회가 실현될 리 없습니다.

김문학 동감입니다. 100여 년 전, 중국 개혁에 실패한 저널리스트나 엘리트 지식인이었던 량치차오[梁啓超]가 일본에 망명했을 때, 일본인의 공공 정신에 깊이 감탄하면서 중국인에게는 공공 정신이나 애국심이 부족하다는 것에 크게 탄식했습니다.

왕쉐타이 그로부터 100년이 지난 오늘, 아직도 같은 말을 하지 않을 수 없는 것 자체가 슬픈 일입니다만, 중국의 현실이 그렇기 때문에 어찌할 수 없습니다. 그러므로 요점은 어떻게 공공 정신을 배양하고 어떻게 사회의 신질서를 세워갈 것인가를 고민해야 한다는 것입니다. 그러기 위해서 중국인은 법률을 지키는 시민이 되어 우선은 법치 사회 구축에 기여해야 합니다. 그렇게 하면 궁극적으로 민주화 사회로 나아갈 수 있을 것입니다. 현재와 같은 중국의 엄격한 일당 독재 체제 하에서도 이것은 효과적이고 실현 가능한 방식이라고 생각합니다. 시민 사회와 법치 사회, 민주 사회가 중국에 있어서 최선의 진로입니다.

'잠규칙'은 중국인을 고통스럽게 하는 원흉
기자가 밝혀낸 '잠규칙(潛規則)'의 공포

우스[呉思]

- 저널리스트 및 작가. 언론계에 투신하여 중국의 새로운 역사적 사실을 발굴한 것으로 알려져 있다.
- 1957년 베이징 출생
- 1982년 중국런민대학 문학부 졸업 후 〈농민일보〉 기자, 편집실 부주임 등 역임
- 1996년부터 잡지 〈염황춘추(炎黃春秋)〉 주필, 부사장 등 역임
- 2009년 법인 대표 취임
- 2014년 〈염황춘추〉 퇴직
- 2016년부터 티엔제경제연구소(天則經濟研究所) 이사장 재직
- 주요 저서: 〈잠규칙(潛規則)〉, 〈혈수정률(血酬定律)〉, 〈친융쿠이:마오쩌둥의 농민(陳永貴:毛澤東的農民)〉 등 다수

우스[吳思] 이사장은 기자로서 '잠규칙(사회의 암묵적 규칙, 潛規則)', '혈수정률(피의 대가로 받는 보수, 血酬定律)'이라는 두 개의 개념을 만들어내 그 이름이 중국 전역에 알려지게 되었다. 일본이나 한국에서는 생소한 말이지만 그중에서 특히 '잠규칙'은 중국에서 학계뿐만 아니라 일반인에게도 널리 쓰이고 있다.

예를 들면 이런 경우에 쓰인다. 한때 홍콩 여배우가 드라마 프로듀서로부터 '성접대'를 요구받았지만 이를 거절하자 주역에서 뺀 일을 폭로했다. 물론 '성접대'는 명문화되어 있지 않다. 그러니 사람들은 "역시 연예계에는 암묵적인 '잠규칙'이 있었군"이라고들 하였다. 그 외 비즈니스 업계에서도 법보다 '연줄'이 우선되는 일들이 자주 있는데, 이런 것들이 바로 '잠규칙'이다. 그만큼 중국 사회에는 정해진 규칙뿐만 아니라 암묵적 규칙이 여기저기 뻗어 있다는 것이다. 우 이사장은 역사학을 전공하지 않은 기자 출신의 재야 역사 연구자답게 지금까지의 학술적 방법에 얽매이지 않고 자유롭게 현실과 역사를 고찰한 결과 이러한 획기적 발견을 일궈낼 수 있었다.

우 이사장은 중국의 현대 사회와 역사적 금기에 도전하여 과감하게 진실을 알리는 잡지 〈염황춘추(炎黃春秋, 2016년 폐간)〉의 주필을 역임한 적도 있다. 기자로서도 대담한 일류 기자였던 것이다. 그가 제일 존경하는 인물은 일찍이 관료의 부패를 폭로한 바 있고 천안문 사건의 배후로 지목되어 미국으로 망명을 할 수밖에 없었던, 저명한 반체제 저널리스트로 작가 류빈야[劉賓雅]이다. 우 이사장은 류빈야 작가처럼 용기를 가지고 진상을 폭로하는 기자로서의 사명감에 불타

사회의 현실을 밝혀내기 위해 현장을 누볐다. 그리고 그러한 기자 생활 속에서 '잠규칙'이라는 존재를 만나 이를 현실과 연계짓는 역사적 과제의 원류를 찾아 나서기 시작한 것이다.

2016년 5월, 베이징 중심부에 있는 호텔 커피숍에서 우 이사장과 처음 만났다. 나와 마주한 우 이사장은 조용한 정취가 묻어 나는 신사의 풍모를 갖추고 있었다. 그리고 차분한 어조로 논리 정연하게 말하는 모습을 보고 명석한 두뇌의 지식인 그 자체라는 생각이 들었다. 그럼 이제 우 이사장에게 '잠규칙(潛規則)'과 '혈수정률(血酬定律)'이 무엇인가 들어보기로 하자.

600여 년 전부터 이어지고 있는 '암묵적 규칙'

김문학 우 이사장님이 만들어내신 '잠규칙(潛規則)'이라는 개념과 말을 이제 중국인 모두가 알고 있다고 해도 과언이 아닙니다. 역사학자들도 알아내지 못하였던 것으로 중국사 속에 숨어 있는 사회의 암묵적 규칙을 발견한 것은 우 이사장님의 매우 큰 업적이라고 평가되고 있습니다. 먼저 그 의미를 구체적으로 설명하여 주십시오.

우스 갑자기 너무나 과분한 말씀을 듣게 되네요. 먼저 한 가지 여쭤보겠습니다. 김 작가님은 시골에 산 적이 있으신가요?

김문학 시골에 살기만 했겠습니까? 아예 농촌에서 태어났지요.

우스 그러시다면 제 이야기를 잘 아실 겁니다. 저는 문화대혁명 말기인 1976년 고등학교를 졸업하자 베이징 교외 창핑현[昌平縣]으로 '시아팡[下方]'당하였습니다. 거기서 매일 육체 노동에 시달리는 동시에 제가 그동안 몰랐던 세계를 엿볼 수 있었습니다. 그때 제가 본 것과 들었던 것을 저 자신의 뇌로 파악하는 버릇이 생겼습니다. 그 결과 이 세상에는 공식적인 정식 규칙 외에도 밖으로 드러나지 않는 규칙이 있다는 것을 알게 되었습니다.

김문학 그렇군요. 그 후 우 이사장님은 기자가 되어 농촌을 취재하면서 '잠규칙'을 발견하신 거군요.

우스 그렇습니다. 저의 저서 〈잠규칙〉의 서문에서 쓴 것처럼, 농촌에서 화학 비료를 분배하는 것을 보았을 때 거기에 독자적인 규칙이 있다는 것을 알았습니다. 문서에 쓰인 규칙은 있었지만 실제 분배할 때는 또 다른 알려지지 않은 규칙에 따라 한 사람 한 사람에게 그 비료를 나누어 주고 있었습니다. 문서에 적힌 규칙을 겉으로 드러내면서 그 이면에는 다른 규칙이 존재한다는 것입니다. 예를 들면 누가 분배량을 적는지 또는 누구의 메모가 가장 강력한지, 그 결과 얼마의 비료를 실제 받을 수 있는지와 같은, 겉으로 드러나지 않는 규칙이 바로 '잠규칙'이라는 것입니다.

김문학 그야말로 암묵적인 규칙이군요.

우스 그렇습니다. 게다가 화학 비료 분배에 있어 정식 규칙보다 암묵적 규칙이 더 강한 강제력과 실행력을 가지고 있었습니다. 무엇보다 그 당시는 '잠규칙'이라는 말은 존재하지 않았고, '내부장정(內部章程, 내부 규칙)'이라는 말로 불리고 있었습니다. 그 후 1997년 어느 날, 관심이 있던 명 왕조 역사에 관한 책을 읽었는데 그 당시의 사회에도 이와 비슷한 암묵적 규칙이 있었다는 것을 알게 되었습니다. 거기서 고민한 끝에 '잠규칙'이라는 말을 고안했습니다.

김문학 언론계에서 일했던 우 이사장님이 어떻게 역사에 관심 가지시게 되었나요?

우스 현재의 뿌리는 역사에 있다고 생각했기 때문입니다. 명대에 관심을 가진 것은 청나라나 원나라와는 달리 순수한 한족의 본 모습을 볼 수 있으리라 생각했기 때문입니다.

김문학 원나라는 몽골, 청나라는 만주족이라는 이민족이 세운 왕조였으니까요.

우스 네. 맞습니다. 원나라가 쇠퇴한 후 1368년 주원장이 건국한 명나라는 당나라의 정치 행정 제도를 도입하였습니다. 그리하여 '대명률'이라는 법률을 제정하였지만 결국 주원장은 개인 숭배에 매달렸기 때문에 법률의 실효성이 없어져버렸지요. 주원장이 실행하였던 통치 스타일은 사실 마오쩌둥 시대의 정치 캠페인과 비슷한 것이었습니다. 마오쩌둥은 주원장의 방식을 답습한 것이 분명합니다.

명나라 역사에서 청렴한 관리가 추방당하거나 부패에 물들어가는 모습은 바로 현대 중국의 모습 그 자체라 말할 수 있습니다. 명대의 역사를 더 살펴보면서 제가 본 지금의 '잠규칙'과 서로 통하는 규칙과 개념이 있었던 것도 발견할 수 있었습니다. 그래서 저는 〈잠규칙〉이라는 책을 자신있게 쓸 수 있었습니다.

'잠규칙'이 만들어낸 안하무인의 공무원 천국
김문학 '잠규칙'은 구체적으로 중국 사회에 어떻게 작용하고 있습니까?

우스 우선 우리가 잘 알고 있는 도덕 규칙을 사례로 들어봅시다. 예를 들면 유교에서 말하는 '군신의 도리'라는 것은 군주는 신하나 백성을 자애로 다스리고 신하는 군주에게 충성을 다하여 섬겨야 한다는 것입니다. 위가 아래에 대하여 강압적으로 명령하는 것이 아니라 서로 배려하면서 접하는 것이 중요하다는 도덕입니다.

가령 세율 10%를 갑자기 50%로 올리면 이것은 지나친 폭정이 됩니다. 그렇게 되면 사회의 평온을 유지하기 어렵게 되겠지요. 이러한 암묵적 규칙을 지키지 않는 폭군도 가끔 있었습니다. 예를 들면 시황제가 건국한 진나라는 불과 15년여 만에 멸망했습니다. 이것은 도덕의 경계선을 황제가 깨뜨렸기 때문이라고 말할 수 있습니다.

어느 정도까지는 착취하거나 세금을 매기는 것이 가능합니다만 너무 지나치면 폭정이나 압정이 된다는 것입니다. 그렇게 하면 정의라는 경계선을 무너뜨리는 것이기 때문에 사회는 불안정하게 됩니다. 물론 착취당하는 농민에게는 아무런 힘도 없으니 정면으로 저항할 수는 없을지도 모릅니다. 하지만 그런 상황이 지나치면 국가가 붕괴의 첫걸음을 내디딜 가능성이 높아집니다.

다만 잠규칙은 명문화되어 있지 않기 때문에 관리들은 알게 모르게 이 미묘한 경계선을 넘어버리기도 합니다. 이러한 사태를 저는 합법적 상해권(合法的傷害權)이라고 명명했습니다. 관리는 모두 이러한 애매한 권한을 가지고 있습니다. 예를 들면 형벌의 무게를 조금 경감하거나 조금 가중하면서 말입니다.

세상만사 모든 것에는 '정도'가 있습니다. 또한 중국에는 선악응보

(善惡應報)라는 사상이 있습니다. 그런데 현실 세계에서는 반드시 악이 그 죄값을 치른다고 말할 수만은 없습니다. 그래서 잠규칙의 한계를 넘어버리는 사례가 끊이지 않습니다.

김문학 현대 중국의 관료나 정치인의 부정부패도 모두 이 잠규칙과 관련이 있겠지요. 우 이사장님은 기자 시절, 이러한 암묵적 규칙에서 발생하는 문제와 부딪혀본 적이 있으신지요?

우스 물론 있습니다. 농촌의 독자들로부터 마을의 부정 행위를 폭로하는 고발문이 도착할 때마다 저는 모두 도와주지 못하여 매우 안타까웠습니다. 아무리 촌민들이 고발해도 공무원들은 "너희가 아무리 고발해도 나와는 무관한 일이야!"라면서 한가로이 대응할 뿐이었습니다. 이처럼 설령 농민들이 악덕 관료를 고발하더라도 거의 효과가 없다는 것이 중국의 현실입니다.

물론 저를 포함한 기자와 편집자들은 눈앞의 암묵적 규칙의 본질을 잘 이해하고 있습니다. 가령 그러한 관리의 부정 행위를 고발하더라도 잠규칙이라는 애매한 규칙 때문에 처벌되지 않습니다. 애당초 중국 헌법에 기재되어 있는 내용과 우리의 보도 형태에 관한 암묵의 규칙도 완전히 별도의 것이니까요. 이렇게 기자나 편집자도 하루가 멀다하고 보도 본연의 모습과 갈등하고 있습니다. 이러한 것으로부터도 알 수 있듯이 중국인은 늘 잠규칙에 둘러싸여 살고 있습니다.

"상극과 전쟁, 폭력으로 구성된 중국 역사"

김문학 우 이사장님은 '잠규칙'과 함께 '혈수정률(血酬定律)'이라는 개념을 제기해 큰 반향을 불러일으켰습니다. 그 내용은 어떤 것입니까?

우스 '잠규칙'과 마찬가지로 '혈수정률'이라는 개념도 중국사의 사례에서 귀납적으로 분석하여 도출한 법칙입니다. 이것도 대외적이거나 공적인 것이 아니라 보이지 않지만 현실 사회에 큰 영향을 미치는 규칙의 하나라고 말할 수 있습니다.

저는 저의 저서 〈혈수정률〉에서 중국 사회의 보편적인 문제에 주목했습니다. 요컨대 왜 어떤 사람은 폭력으로 수입을 얻으며 또 어떤 사람들은 왜 이러한 사람들과 협력하는 것인가 하는 것입니다. 노동에서 얻는 보상은 급여입니다. 토지가 낳는 수익은 지대이고, 자본에서 만들어내는 부는 이자입니다. 그렇다면 목숨을 건 폭력 행위 결과 얻는 이윤을 무엇이라고 부르면 될까요? 저는 그것을 '혈수(血酬)'로 정의하였습니다.

김문학 이 개념으로 야쿠자나 강도, 건달 등이 금전이나 재물을 탈취하거나 착취하는 본질을 규명할 수 있겠군요.

우스 네, 그렇습니다. 그뿐만 아닙니다. 혈수정률의 관점에서 역사를 개관해 보면 그 과정 자체가 유혈, 즉 목숨을 건 자원 획득의 연속이라는 것을 알 수 있습니다. 애당초 사회를 형성하고 통치하는 행위

자체가 폭력으로 얻은 자원을 합법화한다는 과정 그 자체가 아닐까요?

김문학 네, 동감입니다. 바로 우 이사장님이 고안한 잠규칙과 혈수정률이야말로 중국 사회의 이면을 관통하는 폭력 구조를 지탱하는 것이지요.

우스 저는 이전에 '회색 사회(灰色社會)'라는 용어로 설명한 적이 있습니다. 중국 사회의 다양한 계층에서 분명히 '흑(黑)', 즉 어둠이라고 생각되는 사건이나 상황이 매일 발생하고 있습니다. 그런데 흑처럼 보이는 현상도 실은 흑이 아닌 회색, 즉 그레이 존인 것도 많이 있습니다.

김문학 구체적으로 어떤 것을 말하는 것입니까?

우스 예를 들어 정부는 일방적으로 사람들을 통제하기도 하지만 다른 한편에서는 그들에게 공공 서비스를 제공한다는 측면도 있습니다. 한편 국민이 정부에 세금을 납부하는 것은 단순한 복종이 아니라, 공공 서비스를 얻기 위한 일종의 교역 행위라 할 수 있는 것은 아닐까요? 이러한 관계는 '흑'이 아닙니다. 왜냐하면 그것은 어느 정도 공정한 부의 교환이기 때문입니다.

그렇다면 이 관계가 어떻게 그레이나 블랙으로 변질되는 것일까요? 민주 국가에서 쿠데타가 일어나 독재 정권이 탄생했다고 합시다. 폭력적 수단으로 정권을 잡은 것입니다. 예를 들면 나치와 같이 처음에는 국민도 열광적으로 지지하기 때문에 다소의 불편이나 불이익도 참을 것입니다. 바로 그 부분이 그레이 존입니다. 이러한 지배 수법을 계속 유지하는 사이, 자유를 빼앗기기 때문에 점차 국민 사이에 불만이 쌓이게 되는 것은 말할 필요도 없습니다.

그런데 비록 지도자가 무능하거나 최악으로 비도덕적이라 하더라도 독재 정치 체제이기 때문에 사람들에게 정권을 선택할 권리나 기회는 없습니다. 이렇게 되면 그레이 존이 아닌 블랙이 되는 것입니다. 물론 이렇게 정부와 국민들의 관계가 그레이나 블랙으로 바뀌어도 국민에게는 힘이 없기 때문에 기본적으로 현상을 수용할 수밖에 없는 것이고요.

김문학 문화대혁명 당시 중국 정부가 바로 그랬습니다. 그런 관점에서 보면 중국 역사는 폭력의 역사이기도 한 것입니다.

우스 말씀하시는 대로입니다. 중화민국 때의 저널리스트 량치차오가 중국사를 풀어 보면, 그 역사 자체가 상극과 전쟁, 폭력으로 이루어져 있다고 이미 지적한 적이 있습니다. 사실 중화인민공화국이 건국된 1949년부터 1976년까지의 현대사 속에서, 건국 후 얼마 되지 않았을 무렵 지주로부터 강제로 농지를 빼앗아 빈농층으로 나누어 준 토지개혁, 자유를 요구하는 기운이 높아진 1950년대에 목청을 높인 반체제 우파를 잇달아 숙청한 반우파 투쟁, 악몽이었던 문화대혁명 등을 예로 들 수 있습니다.

이 모든 사건에서는 폭력을 수단으로 사용하여 강제로 제도를 변경했습니다. 게다가 그 과정에서 정부에 반항하는 힘이 거의 없는 일반 대중을 폭력적으로 탄압했습니다. 저는 이러한 폭력으로 제도를 결정하고 변화시키는 것을 '원규칙(元規則)'이라고 명명했습니다. 원규칙이란, '규칙을 결정하는 규칙'이라는 것입니다. 폭력 장치를 가진 강자만이 정할 수 있는 규칙이지요.

김문학 이러한 폭력이 만연하는 이유는 무엇입니까?

우스 중국에서 원규칙이 통용되는 이유는 인민들이 온순하게 위에서 하는 말을 잘 듣기 때문입니다. 잠규칙과 혈수정률, 원규칙이 점점 퍼지고 계속 유지되어 온 바탕에는 역사적이고 사회적인 대중의 성질이라는 토양이 있었던 것이지요.

개혁 개방은 사회 개혁이 아니라 이익 조정에 불과하다
김문학 마오쩌둥 시대가 오래 전에 지나간 지금도, 중국은 잠규칙과 혈수정률, 원규칙에서 벗어나지 못하고 있는 것일까요?

우스 물론 빠져나온 것은 아닙니다. 문혁 종결의 상징은 4인방(문화혁명을 추진한 마오쩌둥의 처 장청[江青], 장춘차오[張春橋], 야오원위안[姚文

元], 왕홍원[王洪文])을 타도한 것입니다. 그런데 그 후의 덩샤오핑을 비롯한 개혁 개방의 지도자들도 역시 마오쩌둥처럼 군사력을 행사할 수 있는 최고 권력자인 상태 그대로였습니다.

'어디까지 경제를 개방하고 어디까지 국가를 개혁할 것인가? 그리고 그 테두리를 어떻게 설정할 것인가?'라는 것이 회색인 상태로 오늘에 이르러버렸습니다. 그러한 경계선을 긋는 방법에 따라서 지도층에 이익은 될 수 있을지는 몰라도 그것이 반드시 일반인들의 이익에 부합하는 것은 아닙니다.

김문학 그렇다면 중국은 아직도 원규칙과 잠규칙 사이를 왔다 갔다 하고 있다는 말씀이군요?

우스 물론 그렇습니다. 40여 년에 걸친 개혁 개방 프로세스에 있어서도 겉으로는 변한 듯 보이지만, 실제로는 각종 제도나 규칙의 변화나 개혁은 모두 단순한 '조정'에 지나지 않은 것입니다. 수면 아래에는 잠규칙과 원규칙 등의 테두리에서 한 걸음도 벗어나지 못하였습니다. 우리는 항상 이와 같은 중국 공산당에 의한 원규칙의 지배 하에 있고 그런 의미에서 전혀 나아가지 못하였다고 해도 과언이 아닙니다.

김문학 그렇다고 하더라도 사고와 이데올로기 차원에서는 다양한 변화가 있었던 것은 아닐까요?

우스 그 점에서는 그렇게 말할 수 있을 겁니다. 실제로 40년 전과 현재가 달라진 것은 이데올로기가 퇴색하는 것이니까요.

김문학 이데올로기의 퇴색이란 무엇을 말하는 것입니까? 좀 더 자세히 알려주십시오.

우스 마오쩌둥 시절의 중국 공산당 지도부는 경제에서의 생산성보다 이상, 즉 공산주의 사회를 한시라도 빨리 건설하는 데 전력을 쏟았습니다. 나아가 마오쩌둥은 국제 공산주의 운동의 리더가 되려 하면서 이렇게 말하였습니다.

"우리는 대중 노선을 걸어야 하지만 그렇다고 모두 대중이 말하는 대로 하면 안 된다. 농민이 자유를 요구하더라도 우리는 사회주의로 나아간다."

김문학 농민에게 자유를 주지 않은 것은 무엇 때문이었을까요?

우스 그것은 공산주의와 대립하기 때문입니다. 그런데 마오쩌둥이 사망한 후, 중국 공산당이 외치던 이데올로기도 퇴색되었습니다. 핵심 목표와 최대의 가치가 공산주의 이데올로기로부터 경제 발전과 근대화로 바뀐 것이지요. 그래서 경제적 자유도 확대되어 농민, 노동자, 상인, 자본가, 학자, 지식인도 '자유'라는 것을 어느 정도 실감할 수 있습니다.

다만 말할 필요도 없지만 이러한 자유도 실제로는 원규칙 등의 규칙 범위 내에 한정된 것으로, 이러한 '조정'은 일반 대중의 이익에도 어느 정도 연결되는 것입니다. 하지만 어디까지나 지배자 집단의 이익을 우선하는 것으로 그들을 위한 '상호 부조'의 일환에 지나지 않습니다.

김문학 시진핑 정권이 언론을 갈수록 더 엄격하게 통제하는 것은 그러한 것과 관계가 있을까요?

우스 대중이나 지식인에게 언론의 자유를 너무 많이 주는 것은 일당 독재의 유지에 불리하게 작동하기 때문에 시진핑 체제는 엄격하게 언론을 통제하는 것입니다.

김문학 역시 그런 것이었군요. 잠규칙이나 원규칙 등이 계속 살아 있다는 얘기군요?

우스 그렇습니다. 중국 공산당의 '원규칙'은 다른 모든 규칙을 설정하는 대원칙이기 때문에 이는 바뀌지 않습니다. 시진핑은 2018년의 개헌을 계기로, 마오쩌둥과 유사한 통제를 대대적으로 시행하였습니다. 그는 원규칙을 잘 숙지하고 있으며 실제로 이를 바탕으로 엄격한 언론 통제와 권력 집중으로 치닫고 있습니다.

'관가주의'와 '잠규칙'을 무너뜨린 후 맞이하게 되는 것들

김문학 우 이사장님은 최근 '관가주의(官家主義)'라는 새로운 개념을 제기했습니다. 그 내용은 어떤 것입니까?

우스 잠규칙과 원규칙, 혈수정률의 관점에서 중국사를 되돌아보면, '정사(正史)'에는 등장하지 않는 것이 보입니다. 저는 그것을 관가주의라는 새로운 개념으로 정의하였습니다. 교과서 등에 실려 있는 정사에 따르면 진나라부터 청나라 말기까지 중국은 계속 봉건주의였다고 합니다. 그런데 이것은 크게 잘못된 것입니다.

김문학 어떤 것이 그렇다는 말씀이시죠?

우스 그 이유는 이미 진나라 시대에 모든 중국 영토를 군과 현이라는 지방 행정으로 나누어 중앙에서 파견된 관리가 각각 통치하는 군현제가 성립하고 있었기 때문입니다. 그때 봉건제는 버려진 것입니다. 그렇다면 '관가'란 무엇을 말하는가인데요. 이 말에는 고대 중국어로 세 가지 의미가 있습니다. 첫 번째는 황제, 두 번째는 국립·공립기관, 세 번째는 개개의 관리에 대한 존칭입니다.

　봉건제가 폐지된 군현제 사회에서 그 주인은 관가가 되었습니다. 이 삼자가 지도층으로서 법률을 정하고 규칙을 세웠습니다. 달리 말하자면 이들 삼자가 계속하여 중국 의사 결정의 주체였던 것입니다. 이렇게 보면 중국 사회는 진나라 이후 계속하여 관가주의였다고 보는 것이 타당하지 않을까요? 적어도 봉건주의나 전제주의, 황권주의라는 명칭보다 적절하다고 생각합니다.

김문학 일리가 있는 말씀이십니다.

우스 물론 현재의 중국 공산당에 의한 지배 체제도 관가주의가 그 본질을 이룹니다. 그리고 중국 공산당이 지도하는 관가주의 체제 하에서 잠규칙과 원규칙, 혈수정률을 자신들이 마음대로 변경하여 운용할 수 있는 환경과 토대를 만들어낸 것입니다.

김문학 이사장님이 말씀하셨듯이 40여 년에 걸친 개혁 개방에도 불구하고 암묵적 규칙은 변하지 않았지만 다른 한편에서는 그에 따라 사회에 큰 변화가 생긴 것도 사실이라고 생각합니다.
　이사장님은 이 점에 대해 어떻게 평가합니까?

우스 개혁 개방 전의 중국 사회에서는 사람들의 다양성이 부족했습니다. 예를 들면 의사 결정권이 있는 관가는 기껏해야 단순한 농민이 아닌 인민공사 직원, 단순 노동자가 아닌 관제 기업 직원, 관료 정도였습니다.
　그러나 개혁 개방 후에는 인민공사 사원은 자작농으로 변신하였습니다. 그 외에도 개체호(個體戶)라 불리는 영세 기업 경영자, 농촌기업가, 농촌 기업 자본가, 농민공 등 다양한 '인종'이 등장했습니다. 이에 따라 사회도 보다 풍부하고 복잡하며 창조력 있는 상태가 되었다고 생각합니다. 반면 진나라 이후 2,000년 간 끈질기게 살아남은 관가주의의 핵심 구조는 변하지 않았습니다.

김문학 경제 성장이 정치 개혁을 일으킬 수 있을까요?

우스 서방 국가들도 한때 그렇게 생각했거나 그렇게 되길 기대했습니다. 경제 발전과 정치 변혁은 상관있다는 견해는 일리가 있습니다. 그러나 구체적으로 검증해보면 그에 반하는 증거도 찾을 수 있습니다. 예를 들면 인구 1인당 수입이 수만 달러에 이르는 중동 산유국에서는 아직 정치 개혁이 일어나지 않습니다. 반대로 평균 수입이 불과 수백 달러에 불과한 인도에서는 정치 개혁이 빠르게 진행되고 있습니다.

이처럼 GDP나 중산 계급의 증가와 정치 개혁과의 연관성만으로는 얼마든지 반증을 제기할 여지가 있다는 것입니다. 그러므로 민주화와 헌정주의화를 말하기 전에 우선은 어떻게 하면 독재 정권이 붕괴되는가에 대해서 검토해야 한다고 생각합니다. 독재 권력은 언젠가는 반드시 붕괴될 수밖에 없다고 생각합니다. 왜냐하면 독재 하에서는 국민의 불만이 높아질 수밖에 없으니까요.

김문학 잠규칙과 원규칙을 바탕으로 중국 이면의 규칙을 어떻게 하면 없앨 수 있을까요?

우스 지금 중국에서는 전국적으로 데모가 빈발하고 있습니다. 그 대부분이 그야말로 이익의 경계를 둘러싼 마찰이 아닐까요? 예를 들어 농민의 토지 경계선은 대개 모호하기 때문에 더더욱 농민들 사이에서는 토지 권리를 놓고 끊임없이 분쟁이 일어납니다. 이러한 토지 쟁탈전을 거쳐 이익의 경계선이 분명해지고 깔끔한 법률이 태어나면 그런 분쟁은 줄어들 것입니다.

김문학 중국인의 인내력이 강한 것처럼 보이는 것은, 뒤집어 말하자면 중국 공산당 정부의 권력이 그만큼 강하다는 말이 아닐까요?

우스 말씀하시는 대로입니다. 그러므로 기본을 이루는 국가와 국민과의 관계를 정상화하여 자의적인 규칙의 변경이나 남용에 의한 피해자를 줄이면, 점차 잠규칙이나 원규칙, 혈수정률도 없어질 것으로 봅니다.

그러나 이러한 규칙은 암묵의 영역으로 중국 사회의 사각 지대라 할 수 있습니다. 그러므로 공격해도 쉽게 쓰러뜨릴 수 있는 존재가 아닙니다. 왜냐하면 법적으로 이러한 사각 지대를 적시하여 배제한다는 것은 쉽지 않기 때문입니다. 그 부분이 큰 과제라고 할 수 있겠지요.

절망의 어둠 속에 있는 중국인을
광명의 세상으로 이끄는 것이 문학가의 사명

'중국의 카프카'로 불리는 여성 작가의 외로운 투쟁

찬쉐[殘雪]

– 작가. 중국 모더니즘 소설의 기수로서 세계적으로 높은 평가를 받고 있다.

– 1953년 후난성[湖南省] 출생. 본명은 덩샤오화[鄧小華]. 친오빠가 저명한 철학
  자인 덩샤오망[鄧曉芒]이다.

– 1950년대, 신문사 사장이던 아버지가 극우로 숙청되어 가족이 박해를 받으면
  서 중학교 진학을 포기. 여러 가지 직업을 전전

– 1985년 창작 활동 개시. 중국 밖에서 번역 출판된 작품이 가장 많다.

– 2015년 '마지막 연인'으로 북 엑스포·아메리카 최우수 번역문학상 수상

– 2019년 맨부커 국제상과 노벨 문학상 후보에 올랐다.

– 주요 저서 : 〈황니가(黃泥街)〉, 〈노쇠한 떠도는 구름〉, 〈뻐꾸기가 우는 그 순간〉,
  〈예전에 그려진 적이 없는 경지〉, 〈마지막 연인〉, 〈어두운 밤〉 등 다수

작가 찬쉐[殘雪]는 현대 중국 문단의 빛나는 '이단자'라 할 수 있다. 그 난삽하고 기괴한 소설 양식 때문에 '중국의 카프카'라 불린다. 나는 1985년 중국 문단에 혜성처럼 등장한 찬 작가의 소설을 읽고 금세 그녀의 팬이 되었다. 중국 문화의 황금기였던 1980년대에 데뷔한 기라성 같은 작가나 소설가 중에는 도중 하차하여 모습을 감춘 사람이 많다. 하지만 그녀는 카프카적인 '기괴한 소설'을 줄기차게 창작하여, 지금 현대 중국 문학에서는 중국 소설의 대가로 그녀만의 독보적인 지위를 구축하였다.

스토리나 등장 인물뿐만 아니라 공간과 시간까지도 모호한 찬 작가의 작품은, 리얼리즘을 추구하는 독자로부터 외면당할 수 있었다. 그럼에도 불구하고 젊은 층과 지식층에 그녀의 열렬한 팬이 많으며 미국이나 일본 등 외국에도 팬이 많다. 세계적인 작가로, 리버럴파 지식인으로 알려진 미국 수잔 손택은 그녀를 다음과 같이 평가하였다.

"만약 중국에서 최고의 작가를 뽑는다면 나는 주저하지 않고 찬 작가를 선택할 것이다. 중국에서 그녀의 이름을 들은 적이 있는 사람은 1만 명에 한 명 정도에 불과하겠지만 말이다(인민망 일본어판, 2019년 10월 9일)."

한편 찬 작가는 중국 문단과의 교류를 끊고 매일 소설 집필에만 몰두하고 있어 외부인과는 거의 만나지 않는다고 한다. 나는 그녀의 오빠인 철학자 덩샤오망(화중과기대학(華中科技大學) 교수)과 친한 친구였기 때문에 찬 작가를 만나 대담할 수 있었다.

그녀가 목소리를 높여 중국 공산당 비판을 전개하는 것은 결코 아니다. 그런데 그녀를 이 책에 포함한 이유는, 정권이라는 좁은 범위가 아니라 더 광범위하게 중국과 세계의 문화와 문학을 비판적으로 보고 있는 그녀의 자세가 강렬하였기 때문이다. 또한 그녀처럼 중국이라는 '작은 정원'을 뛰어넘어 세계적으로 활약하고 있는 여성 작가가 있다는 현실을 새삼스럽게 외국인에게 전하고 싶었기 때문이다.

베이징 교외에 있는 그녀의 자택에서 찬 작가와 그녀의 남편 루용[魯庸] 씨가 나를 웃는 얼굴로 맞이해주었다. 먼길을 마다하지 않고 와준 오빠 친구인 나에게 친근감을 가지고 반겨준 것이다. 그런 분위기 속에서 찬 작가의 마음속 생각을 들어보았다.

세상에 대한 반항 수단으로서의 소설

김문학 작가님의 소설은 중국 문단에서는 그 누구와도 다른 철학적인 향기가 매우 짙은 것으로 알고 있습니다. 소녀 때부터 철학을 좋아했다고 들었습니다만.

찬쉐 맞습니다. 어렸을 때부터 철학과 문학을 매우 좋아했습니다. 오빠인 덩샤오망의 영향이 컸지요. 14세 때부터 헤겔이나 니체를 독파하였으니까요.

김문학 1985년의 처녀작 〈산 위의 오두막(山上的小屋)〉 이후, 단편이나 장편 불문하고 작가님의 소설은 모두가 기괴하고 매우 이해가 어려운 것뿐입니다. 작가님의 소설을 읽으려면 일반 독자는 물론 문학 연구자나 비평가에게도 인내력과 일종의 용기가 필요하다고 생각합니다. 왜 이렇게 어려운가요?

찬쉐 글쎄요. 제 소설은 일독하는 것만으로 이해할 수 없을 것입니다. 왜냐하면 저는 사람이 보이지 않는 곳, 예를 들면 영혼의 깊은 곳까지 들어가 소설을 쓰기 때문입니다. 영혼은 보이지 않는 것이지요. 그런 불가시적인 것을 작품으로 가시화하고 있는 것입니다. 그러므로 제 소설을 읽은 모든 사람은 놀라는 것이고요.

김문학 세속적인 견해에 물든 독자의 일반적인 개념으로는 이해하기 힘든 영혼의 세계에 처음 접하기 때문에 작가님의 작품을 난해하고 기괴하다고 생각하는 것이군요.

찬쉐 그렇습니다. 저는 작품에서 뭔가를 묘사하려고 한 적이 없습니다. 다만 원고지를 마주하고서는 저밖에 없는 야망이 나아가는 대로 지금까지 없었던 완전히 새로운 세계를 만들어내고 있는 것입니다. 그러니까 "찬쉐는 소설로 ○○를 묘사했다", "××를 표현하려고 했다"라고 말하는 평론가들은 실은 내 소설을 읽어내는 자격이 전혀 없다고 해도 지나치지 않다고 생각합니다.

김문학 가차없으시군요. 그렇다면 작가님의 세계관이나 가치관은 세속과는 정반대의 위치에 있는 것입니까?

찬쉐 바로 그렇습니다. 저는 어렸을 때부터 저만의 영적 세계관 속에서 살아왔습니다. 어른들이 "이렇다"라고 말하면 저는 "그렇지 않다"라고 말하는 아이였습니다. 저의 세계관은 제가 저의 상상력만으로 만들어낸 것으로, 세상 일반의 가치관과는 어울릴 수 있는 것이 아니었습니다. 다만 저도 속세로부터 떠나서는 살 수 없기 때문에 세상에 반항하는 방법으로서 저만의 세상을 창작하여 저 자신만이 쓸 수 있는 소설을 쭉 써 왔습니다.

왜 중국 문학에는 고전적인 명작이 나타나지 않는 것일까?

김문학 그러한 반골 기질도 소녀 때부터 있었군요. 작가님은 자신의 문학에 큰 영향을 준 작가가 카프카와 일본의 카와바타 야스나리[川端康成]라 말씀하신 적이 있는데요. 카와바타는 별론으로 하고, 카프카의 소설과 비교하면 아첨이 아니라 작가님의 작품이 한 수 위라 생각됩니다. 실제로 평론가 사이에도 그렇게 평가하고 있는 사람이 많고요.

찬쉐 나도 동감입니다. 자화자찬일지 모르겠지만 카프카의 소설 영역은 저보다 폭이 좁다고 생각합니다. 그의 인간 부조리에 관한 사고는 좋지만 인간성 또는 인간의 자의나 의식 등에 대해서는 제가 그보다 더 깊은 표현을 하고 있다고 자부합니다. 세계적으로 봐도 저와 같은 소설은 전례가 없으니까요. 지금 세상에서는 겸허함이 높게 평가되지만 저는 그런 '겉치레 겸손함' 같은 것은 매우 싫어합니다.

김문학 작가님은 중국 문학, 특히 현재의 중국 문학에 대해서 어떻게 평가하십니까?

찬쉐 지금의 중국 문학은 솔직히 말해서 유치하고 확고한 자아도 없으며 상업적 경향이 강한 데다 정치적 색채가 너무 진한 것이 결점입니다.

김문학 중국 문학이 왜 그렇게 된 것일까요?

찬쉐 그것은 중국의 전통이라는 토양 속에서 자란 문학은 인간성을 깊이 파고들기에는 힘이 부족하기 때문입니다. 설령 이러한 것을 시도하려 해도 토양이 이성이라는 빛을 차단해버리니까 결국 인간이라는 존재를 깊게 파내기까지는 도달하지 못하는 것입니다.

김문학 토양이라는 것은 중국 농경 문화 전통에 기인하는 것일까요?

찬쉐 맞습니다. 중국 문화는 일종의 토속적이고 세속적 특질을 가지고 있는 반면, 아름다움이나 사랑, 세계에 대한 호의적인 관점이 부족합니다. 원래 중국인은 정신적인 깊이를 추구하지 않고서 손익 계산이나 세속적 이해를 바탕으로 생활을 영위하고 있기 때문에 그러한 관점에 얽매여서 이 세계를 볼 수밖에 없는 것입니다. 그러니까 그런 중국 문단으로부터 미래까지 영원히 남을 고전적 명작이 태어날 리가 없는 것이고요.

중국 문학계에서는 지금도 민족성이나 세계성에 관한 논의가 벌어지고 있는데, 이러한 저속한 주제로부터 아직도 벗어나지 못하는 것 자체가 중국 문학계 사람들의 편협함과 저급함의 표현이 아닐까요? 그런 시시한 논쟁보다는 지금의 중국에 필요한 것은 생명, 인간성, 자유, 독립을 끝없이 추구하는 것과 문학가 자신이 원대한 포부를 가지는 것입니다.

정치뿐만 아니라 문학상 선발에도 만연한 부정부패

김문학 그렇다고는 하지만 18세기 중기의 명작 고전인 〈홍루몽〉도 있고, 1997년 프랑스 페미나상 외국문학상을 수상한 자핑와[賈平凹]도 있으며, 2012년 중국인 최초의 노벨 문학상 수상자가 된 모옌, 중국과 주변국에서 인기가 많은 위화 등 당대의 이름있는 작가도 있지 않습니까?

찬쉐 〈홍루몽〉은 세속의 삼라만상을 묘사하고 있는 반면, 인물의 자아 의식을 그리는 방법에 있어서는 표면에 머물고 있습니다. 인간의 성장이라는 관점에서 말하자면 아이가 발걸음을 내딛는 정도라고 할까요? 그런 관점에서 보면 서양의 고전 문학 같은 성숙함은 부족합니다. 이런 문화 환경에서 태어나 자랐기 때문에 굳이 저는 이 문화적인 후진성을 비판하는 것입니다. 중국 문학은 성숙한 수준으로 진화해야 합니다.

김문학 매우 작가님다운 비판이군요. 중국 문학의 가장 큰 결점은 무엇이라고 생각합니까?

찬쉐 중국 문학에 잠재된 가장 큰 결점은 미성숙한 '유치성'과 '아동성'입니다. 특히 남성 작가들이 그렇습니다. 물론 내가 여성이니까 그렇게 보일 수도 있지만 무엇보다 그들의 현실주의나 낭만주의 표현에서는 높은 수준의 자기 반성을 전혀 기대할 수 없습니다.

김문학 재미있는 지적이군요.

찬쉐 1980년대는 방금 전 김 작가님이 말씀하신 위화나 장이머우[張藝謀]가 감독한 궁리[鞏俐] 주연의 영화 '홍몽(紅夢)'의 원작 〈처첩성군홍몽(妻妾成群紅夢)〉이나 〈하안(河岸)〉, 〈이혼지남(離婚指南)〉 등을 쓴 쑤퉁[蘇童] 등이 뛰어난 작품을 세상에 내놓았습니다. 그런데 40세가 넘을 즈음 그들의 활기도 쇠퇴해졌습니다. 모옌도 40세가 넘으면서 새로운 문학의 탐구보다 과거작 모방에 머물고 있습니다.

말하자면 중국 문단은 집단적 퇴행을 하고 있다는 것입니다. 모두다 중국 전통 문화로 회귀하는 것이 유일하게 가야 할 길이라고 생각하고 있습니다. 한마디로 말하자면 자신들의 조상의 것이 서양보다 우수하다는 사고입니다. 이런 말을 하니 문단의 남성 작가나 평론가 대부분은 저를 눈에 거슬리고 불쾌한 존재라 생각하고 있는 듯합니다.

김문학 하하. 그렇다면 이제 남성 작가 모두를 적으로 만든 셈이군요.

찬쉐 결국 그들은 비굴하고 도량이 좁다는 겁니다. 중국 문화 속에 안주하면서 도대체 무엇을 지키겠다는 겁니까? 전통만을 지킨다고 해서 혁신이 일어나겠습니까?

김문학 작가님이 중국 문단의 주류와 교류하지 않는 이유는 이러한 차원의 차이가 있기 때문입니까?

찬쉐 그런 셈이죠. 저는 중국작가협회 수뇌부로부터 "큰 이벤트가 있으니 참가해 주십시오"라는 초대장이 와도 확실하게 거절합니다. 내가 왜 그런 곳에 소속되어 이벤트에 참가해야 하는가 하는 생각이 들어서요.

저는 독립과 자유를 신봉하는 작가의 한 사람으로 창작에 전념하는 것만으로 충분합니다. 저급한 수준의 작품을 서로 칭찬하면서 그 완성도를 제멋대로 규정한다는 것은 모두가 자신의 작품에 자신이 없다는 표현에 불과한 것입니다.

김문학 중국의 문학상 선정에도 부정부패가 만연하고 있다는 말을 들었는데요.

찬쉐 중국의 정치적 부정부패도 세계적으로 유명하지만 문학과 학계에서의 부정부패도 보통이 아닙니다. 물론 문학상 작품 선정에도 부정이 만연하여 화제가 되는 것이 현실입니다. 많은 작가가 문단에서 혼란 상태에 놓여 있습니다. 모두 적당히 속여가면서 세상을 살아가고 있는, 이른바 비평가라는 사람들과 결탁하고 작가와 비평가가 하나가 되어 독자를 속이고 있는 것입니다. 이런 일이 일어나는 이유는 대다수의 일반 독자가 아직 미숙하기 때문에 작품이 좋고 나쁘다는 판별을 할 수 없기 때문입니다.

지금이야말로 작가들에 의한 혼란의 황금 시대가 도래하였다고 말할 수밖에 없습니다. 자신의 재능이 고갈된 것을 숨기기 위해, '혼잡'을 '전향'으로 바꿔치기해 놓은 게 지금의 현실입니다.

김문학 작가님처럼 문학에 목숨을 걸고 열심히 노력하는 작가는 중국에는 더 이상 없는 걸까요?

찬쉐 더 이상 남아 있지 않습니다. 지금의 중국은 물욕이 넘쳐나고 정신이 타락한 시대에 있습니다. 저처럼 30년 이상 시종일관 인간의 영혼에 다가서려는 작가는 거의 없습니다.

눈[雪]은 짓밟히고 더러워져도 결코 사라지지 않는다
김문학 작가님은 혼자서 외로운 한 마리의 늑대처럼 철저히 반골적으로 전통 문학에 반대하는 입장을 취하고 계시는데요. 당연히 어려운 측면도 있으리라 생각이 됩니다. 어떠신가요?

찬쉐 역시 국내에서는 아직 이해해주는 사람이 적습니다. 물론 이것은 체제 내 주류파 작가들이 나에게 압력을 가하거나 심지어 배척까지 하고 있기 때문이기도 합니다. 저는 체제 내 주류 문학에 영합하지 않는 사람이니까 어찌 보면 당연한 현상이라 할 수 있겠지요. 그러니 체제 내 주류파에서는 당연히 좋게 평가하지 않습니다. 작품 선전도 해주지 않을 뿐만 아니라, 호의적인 논평 등은 아예 바랄 수도 없는 것이 현실입니다. 때로는 저를 중상 모략하거나 심지어 밀고와 같은 수단으로 저의 작품 출판을 저지하려고 시도하기도 합니다.

이런 상황이 30년 이상 저의 창작 인생에서 계속 이어지고 있습니다. 일부 사람들이 "정부를 위해 점검한다"라는 구실로 저와 같은 비주류파 문학가를 탄압하려는 경우도 있습니다. 일종의 민족주의적 정서를 이용하여 문학을 단결을 위한 도구로 이용하려 하기도 하고요. 중국에서는 이런 경향이 강하지요. 그러나 저는 제도권 밖에서 혼자서 뚜벅뚜벅 '찬쉐의 왕국'을 건설해왔습니다. 앞으로도 저는 저의 '왕국'을 위해, 또 뚜벅뚜벅 착실하게 나아갈 것입니다.

김문학 '찬쉐[殘雪]'라는 필명이 독특한데, 작가님의 일종의 신념의 상징 같은 것일까요?

찬쉐 그렇습니다. '찬쉐'는, 대부분의 백설이 봄에 녹고 난 뒤 산꼭대기에 남아 있는 눈이 가진 끈질긴 생명력을 의미합니다. 한편으로는 지면에 남은 눈이 밟아져 더러워져도 결코 모습을 감추지 않는 근성을 표현하는 것이고요. 필명을 붙일 당시에는 생각하지 않았지만 제 필명은 왠지 지금 제가 놓여 있는 상황과 딱 맞아떨어지고 있습니다. 체제의 주류파로부터 배척당해도 자신의 문학을 지켜야 하는 외로운 운명이라고 할까요?

김문학 저의 지론으로는, 중국 문학의 주류는 여전히 농촌과 농민을 그려내는 일종의 농경문명권 혹은 농촌문학권에 머물러 있다고 생각합니다. 모옌이나 자평와, 위화, 옌롄커(다섯 번째 이유 참조)까지도 거의 농민이나 농촌 문학을 극복하지 않고 있습니다. 한편 서양이나 일본 같은 선진국은 도시문명권으로 성숙하여 문학의 주류도 도시문명권 혹은 도시문학권의 차원에서 전개됩니다.

그중에는 2013년 프랑스 예술문화훈장을 수장한 왕안이[王安憶]처럼 도시의 모습을 쓰는 작가도 없지는 않지만 그래도 역시 중국 문학의 주류는 전통적 '중국 농촌문명권'을 벗어나지 못하고 있는 것이 유감스럽습니다.

찬쉐 온전히 동감입니다. 김 작가님의 지적대로 중국 문학은 아직도 '농촌 문학'의 차원에서 맴돌고 있다는 치명적 결함을 가지고 있습니다. 현재의 중국 문명 수준 자체가 도시문명권으로 성숙하지 않았기 때문에 결과적으로 작가는 여전히 농민들의 고루한 생활상을 쓰는 데 몰두하고 있다고 볼 수 있습니다.

그보다 더 비극적인 것은, 문학은 정치의 도구가 아님에도 불구하고 변함없이 정치 이데올로기에 충실히 영합해 정치의 아래서 정치를 위해 문학을 끌어들이는 '정치의 앞잡이'라는 전통으로부터 완전히 탈피하지 못하고 있다는 것입니다

저와 같이 정치나 국가를 뛰어넘어 인간의 보편적인 마음속이나 영혼의 세계를 탐구하는 문학가를 그들은 이해할 수 없을 것이고 애당초 이해하려는 생각조차 없습니다. 저와 그들 사이에는 거대한 강

이 있고 그런 측면에서 서로 차원이 다르다 할 수 있습니다.

절망 속에서도 고난과 싸워 이긴다

김문학 작가님의 소설은 세계적으로 높은 평가를 받고 있습니다. 중국 대륙 여성 작가의 작품 중에서 외국에서 가장 많이 출판되고 있는 것이 작가님의 소설과 평론집입니다. 물론 중국인 이외의 팬도 많이 있고요. 이러한 국내외 평가의 차이점은 어디에 있다고 생각하십니까?

찬쉐 중국 작가가 일본에서 그다지 받아들여지지 않는 이유는, 말에 세련됨이 부족하고 조잡하다는 것과 조금 전 김 작가님이 지적하신 것처럼 도시 문명으로 성숙하지 못한 채 농경문명권의 차원에 머물고 있기 때문입니다. 물론 정치 이데올로기 색채가 짙은 소설을 읽기 힘들다는 측면 외에도 작품에서의 문학적 상상력이 약한 것도 그 원인이겠지요.

예를 들면 저의 작품을 일본어로 많이 번역하신 곤도 나오코[近藤直子] 교수의 표현을 빌리자면, 제 작품 속의 통속적인 세계를 초월한 보다 깊은 인간 내면의 세계에 일본 독자들이 끌린 것이 아닐까 생각합니다.

한편 서양 사람들은 제 작품 속에서 모더니즘 소설에는 없는 새로움을 발견한 것이라 생각합니다. 중국의 1980년대 이후의 모더니즘 소설은 편협하고 상상력이 부족하다는 평가를 받아왔지만 저의 소설에서는 절망 속에서도 고난을 이겨내는 파워를 느낄 수 있다고 평가합니다. 이제야 중국 작가들이 고집하는 농경문명권에서의 소설 스타일과는 전혀 다른 이질적인 포스트모더니즘적 사고나 미의식 등이 인정되었다고 말할 수 있는 것은 아닐까요?

김문학 동감입니다. 앞으로 중국 문학이 세계적으로 인정되기 위해서는 어떻게 해야 할까요?

찬쉐 중국 작가들은 1980년대 이후 서양 문학을 배워왔습니다만 창작에 대한 자각이 부족하고 상상력도 약하여 결국 모두 중국의 전통 문화로 돌아왔습니다. 서양에서 배웠다고 말하지만 표면적인 기법을 원숭이 흉내내는 것에 머물렀기 때문에 바로 퇴화하여 발전할 수 없었습니다. 그러나 이러한 결과는 당연한 것이라 생각합니다. 왜냐하면 당시 중국의 문단은 외래 문화를 흡수하는 데 필요한 힘도 기백도 없었고, 진심으로 배우려고 하지도 않았기 때문입니다.

95%의 중국인 작가는 중국의 전통 문화에 의지하면서 서양의 스타일은 이해하고 싶어하지 않았고 두려워하기까지 하였지요. 일종의 자기에 대한 콤플렉스였던 것입니다. 그러니 역시나 서양 문명을 배우지 않으면 안된다는 것입니다. 표면의 기법만을 흉내낼 것이 아니라 정신의 깊은 곳까지 배울 필요가 있습니다.

저는 서양 문화에서 배울 것은 배웁니다만 저 자신도 중국의 전통적인 소양에 뿌리내리고 있다는 것을 인정하지 않을 수 없습니다. 그래서 저는 자기 비판을 위해 굳이 '서양 문학'이라는 무기를 이용한 것입니다. 이러한 방식으로 서양 문학으로부터 새롭게 지식이나 기법 등을 배운다면 중국 문학에도 미래가 있다고 생각합니다.

중국인은 자신을 상실하고, 살아가는 즐거움을 잃어버린 어리석은 병자

김문학 일상 생활 속에서 작가님은 어떤 '이단자'인가요?

찬쉐 소설가로서의 저는 이단자입니다만 일상 생활에서는 매우 세속적 인간입니다. 저는 사람들과 교류는 전혀 하지 않으며 매일 집필과 독서에 전념하고 있을 뿐입니다. 가사도 남편이 해주고 있으니까요.

김문학 그래서 그런지 방금 전 남편이 요리한 음식은 매우 맛있었습니다. 역시 전업주부의 응원은 힘이 되는군요.

찬쉐 맞습니다. 저는 365일 독서와 집필만을 합니다. 설날에도 쉬지 않습니다. 하루라도 쉬면 병이 날 것 같아서요.

김문학 집필 스타일은 어떠신가요?

찬쉐 아침에 약 한 시간 달리기와 샤워를 하고 나서 한 시간 정도 집필합니다. 원고지에 육필로 씁니다.

김문학 저와 같은 옛날식의 육필로 집필하는 스타일이군요.

찬쉐 저는 전혀 구상을 하지 않은 채, 원고지를 펼치자마자 쭉 써 내려갑니다. 그리고 수정도 하지 않습니다. 매일 집필을 마치면 철학서를 읽기도 합니다. 철학서도 몇 권이나 출판했습니다. 베이징대학의 철학과 교수 수준은 제가 보기에 너무 낮아서요.

김문학 그러시군요. 글을 쓰기 위해 태어난 천재군요. 어떤 학자는 "찬쉐는 정신의 깊은 차원을 추구하면서 중국 문학사상 처음으로 문학적 방법으로 그 과정을 묘사할 수 있었다"라고 평가하였습니다.

찬쉐 감사합니다. 실은 암흑 속을 살아가는 인간은 자신이 어둠 속에 있다는 것을 자각하지 못합니다. 우리가 과거 문혁기에 중국이 세상에서 가장 행복한 낙원이라고 착각한 것처럼 말이지요. 중국 국민은 모두 질병에 시달리고 있습니다. 그 질병이 뼛속까지 도달해 있는 매우 심각한 환자입니다. 그 병이 무엇이냐 하면, 루쉰이 말한 '아Q병', 즉 자기를 상실하고 즐거움을 잃어버린, 그런 어리석은 병입니다.

자신을 아는 것은 시력을 잃은 사람이 빛을 회복하는 것과 같습니다. 저는 단지 어두움의 심연에서 끊임없이 길을 만들면서 등 하나를 들고 인간을 광명으로 이끈다는 사명감과 함께 살고 있을 뿐입니다. 물론 저의 작품 만들기는 저와 중국에서 사는 사람들 사이를 연결하는 특수한 교류 방법이기도 합니다. 저는 80세까지 건강하게 오래 살 자신이 있습니다. 그러니 그때까지 창작 활동을 계속할 생각입니다.

새로운 '대일 관계의 신사고(新思考)', 지금이 시작해야 할 때

지일파가 내놓는 미래를 바꾸는 제안

마리청[馬立誠]

- 전 〈인민일보〉 평론부 주임 편집자(논설위원)
- 중국에서도 유수의 저널리스트로서 강한 영향력을 자랑하는 지일파
- 1946년 쓰촨성 출생. 〈중국청년보〉 평론부 부주임, 홍콩 피닉스 TV 평론가 등 역임
- 1999년 홍콩 잡지 〈아주주간(亞洲週刊)〉에서 선정한 '가장 영향력이 있는 인물 50명' 중 1위
- 2002년 중국 오피니언 잡지에 반일 감정을 반박하면서 중일 양국의 융화를 호소한 〈대일 관계의 신사고〉를 발표하여 중국 국내는 물론 국외에서도 반향을 불러일으켰다. 도쿄대학 객원 연구원, 싱가포르 국립대학 방문학자, 홋카이 대학 특별 초빙교수 등 역임. 현재는 베이징을 거점으로 언론 활동을 계속하고 있다.
- 주요 저서 : 〈증오에 미래는 없다-중일 관계 신사고〉, 〈반일-중국은 민족주의를 넘어설 수 있을까〉, 〈사죄를 넘어 새로운 중일 관계를 향해〉, 〈중국을 움직이는 여덟 개의 사조-그 논쟁과 역학〉 등 다수

마리청[馬立誠] 선생은 2002년 중국 오피니언 잡지 〈전략과 관리〉에 발표한 논문 '대일 관계의 신사고'로 중일 양국에 센세이션을 불러일으킨 저명한 저널리스트이자 정치·국제 관계 평론가이다. 마 선생은 '대일 관계 신사고'와 관련하여, "일본은 이미 20회 이상 사과하고 있기 때문에 중국은 미래 지향의 중일 관계를 구축해야 한다", "국토가 좁고 자원이 부족한 일본이 세계 2위의 경제적 지위에 서게 된 것은 아시아의 자랑이다"라고 주장하여 일본의 언론에서 큰 반향을 불러일으켰다. 반면 중국의 인터넷에서는 매국노라는 맹비난을 받고 있다.

2015년 6월, 마 선생은 일본 각지의 강연에 초대되어 '동아시아 화해학'을 제안하였다. 그 골자는 독일과 프랑스, 러시아가 전후 화해를 이룬 것처럼, 미래 지향적 사고를 통해 동아시아 한중일 3국이 화해로 나아가기 위한 방향성을 생각하자는 것이다. 그중에서도 평화, 반성, 관용이 그 중요한 기둥이 되고 있다.

나는 마 선생의 '대일 신사고'에 공감을 느꼈으며, 2013년에 홍콩에서 출판된 〈증오에 미래는 없다-중일 관계 신사고〉를 읽고 더 깊게 이해할 수 있었다. 솔직히 말해 당시의 중국과 같은 반일 감정이 강렬한 사회에서, 마 선생의 '대일 신사고'는 있을 수 없는 발상이었고 그렇기 때문에 더욱 유효한 사고 방식이었다. 그가 중국 공산당의 기관지인 〈인민일보〉의 기자이자 논설위원이라는 감안해보면, 체제 안에 있으면서 이런 새로운 사고 방식에 도달하였고 그 내용을 제창한 것은 대단한 일이었다. 나는 그 용기에 반했다.

인터뷰 당시 마 선생은 이미 정년이 되어 베이징으로 돌아왔지만 여전히 정력적으로 평론, 집필, 강연 활동을 중국, 홍콩, 일본 등에서 전개하고 있었다. 나는 마 선생이 중일 관계에 대해 어떤 새로운 사고 방식을 가지고 있는지를 꼭 듣고 싶었다. 드디어 2017년 8월, 베이징에 있는 다방에서 그를 처음 만나 심도 있게 토론했다. 그리고 이듬해 다시 한번 마 선생을 베이징에서 만나 더 깊은 대화를 나누었다. 마 선생의 '대일 신사고'는 착실하게 진화하고 있었다. 게다가 '동아시아 화해학'은 더욱 훌륭한 사상으로 승화해 있었다.

"일본은 중국에 더 이상 사과하지 않아도 된다"

김문학 2002년 말에 마 선생님이 발표하신 〈대일 관계의 신사고-중일 민간의 우울함〉은 센세이션을 불러일으켰습니다. 역사 문제를 넘어 중일 관계를 참신한 사고로 재정립하는 획기적인 제안이었다고 생각합니다. 일본 언론에서도 그 내용을 크게 다루었습니다. 그 후 일본어판 〈일본은 이제 중국에 사죄하지 않아도 된다〉도 출판되었습니다.

마리청 예, 그랬지요. '대일 관계의 신사고'는 지금까지의 중국에서는 있을 수 없는 생각이었습니다. 주요 내용을 살펴보면 다음과 같습니다.

"일본은 이미 전쟁을 일으킨 것에 대해 여러 번 사과하였고 반성하고 있으며 일본이 다시 군국주의가 될 가능성은 없다. 전후 일본 사회는 반성을 통해 평화 지향의 사회로 변하였다. 변화한 일본에 대해서 여전히 변화하지 않는 과거의 이미지에 사로잡혀 있는 것은 어리석은 일이다. 앞으로는 원한을 넘어 미래 지향으로 나아가야 한다. 협력과 우호의 길로 나아가 경제면에서 일본과 경쟁하자"라는 것이었습니다.

당시의 중일 관계는 정치가 식어 있어도 경제는 고조되고 있는 '정냉경열(政冷經熱)'의 상황이었습니다. 정부도 언론도 대체적으로 찬성하는 모습을 보였습니다. 그러나 중국 국내에서는 일부 사람과 내셔널리스트들로부터 끔찍한 비난을 받았습니다. 저는 문화대혁명 이후 중상을 가장 많이 받은 지식인이 아닐까 합니다.

김문학 마 선생님은 어떤 이유로 '대일 관계의 신사고'를 제안하게 되었습니까?

마리청 유럽에 비하면 동아시아 각국의 협력 체제는 나아진 게 없습니다. 저는 한중일이 경제에서 일체화해 나가는 것이 관계를 개선하는 지름길이라 생각했습니다. 이 일체화를 실현해나가는 가운데 중일 관계야말로 그 핵이 된다는 것입니다. 중일 양국이 화해하지 못하면 일체화에 큰 장애가 생기는 것입니다. 중일이 끊임없이 대립하면 결과는 좋지 않을 것입니다. 그렇게 되면 서로 불리하게 될 것은 자명하고 무엇보다 중국에 불이익한 상황이 되는 것은 말할 필요도 없습니다. 그래서 '중일 신사고' 논문을 집필한 것입니다.

중일 간 세력 균형의 변화를 받아들이자
김문학 중일 화해에 장애가 되는 것은 무엇이라고 생각합니까?

마리청 그 원인은 양국 모두에 있다고 생각합니다. 우선 중국 쪽을 살펴보면 일부 지식인 사이에 극단적인 사상이 존재하고 있을 뿐만 아니라 역사 교육도 치우쳐 있는 경우가 많습니다. 정치적인 측면을 보면 일본을 왜곡하여 비판하는 경우가 많습니다. 실제로 우리 중국인은 일본에 대해 너무나 무지합니다.

일본 사회는 일반적으로 말하자면 역사 인식에 대해 지성적인 반면 '우익'이라고 불리는 국수주의자는 소수에 불과합니다. 언론의 자유가 충분히 보장되고 있는 일본에서는 다양한 극단적인 논리도 있고 다른 견해도 있겠지만 일본 국민에게 '중국과 전쟁할 것인가'라고 질문하면 대부분의 사람이 반대할 것입니다.

저는 일본에서 군국주의가 부활하는 것은 애당초 불가능하다고 믿습니다. 왜냐하면 우리가 알고 있듯이 일본은 고도의 민주정체를 구축하고 있고 다양한 힘에 의해 서로 감시와 견제하는 시스템을 갖추고 있기 때문입니다.

김문학 일본에는 전쟁 반대 분위기가 널리 퍼져 있기 때문에 군국주의 부활은 불가능하다고 저도 확신하고 있습니다. 중국은 일본에 대한 인식과 이해를 더욱 깊게 해야 합니다.

마리칭 동감입니다. 일본 측의 원인은 다음과 같다고 생각합니다. 중국이 현재 '대국'으로 대두되면서 경제 성장을 이루고 GDP도 일본을 능가하게 되면 일본으로서는 그 원인을 생각하지 않을 수 없겠지요. 중국의 급격한 대두에 대해 일본인은 받아들일 수 없을 것입니다. 지금까지 후진국이었던 중국이 일약 경제 대국이 되는 것이기 때문에 일본인의 심정도 편하지는 않을 것입니다.

김문학 중일 간의 세력 균형 변화를 받아들일 수 없는 일본인이 나와도 이상할 것은 없습니다. 다만 경제 이외에도 환경 문제나 인권 문제, 노동 문제 등과 관련하여 중국을 비판하는 목소리가 계속되고 있습니다.

마리청 그런 것은 당연하다고 생각합니다. 역사에 대한 우리 중국인의 편향된 인식, 특히 감정적으로, 정서적으로 역사를 파악하려는 경향이 매우 강한 것이 문제입니다. 역사적으로 일본군의 침략은 사실이고 또한 그것을 쉽게 잊어버릴 수 없습니다. 그러나 문제는 전후 이미 평화 대국으로 변모한 일본과 일본인을 왜 중국에서는 제대로 평가하려고 하지 않느냐는 것입니다. 전후 일본은 중국에 대해 150건 이상의 중대한 프로젝트를 지원하였으며 6조 엔의 ODA(정부 개발원조)를 아끼지 않았습니다. 그런데 왜 이런 원조에 대해 언급을 하지도, 감사해 하지도 않느냐는 것입니다.

　이 점에서 싱가포르는 중국에 앞서 있습니다. 나쁜 역사를 잊지 않으면서도 특정 부분만을 보는 것이 아니라 전체적 관점에서 역사를 이해하고 있으니까요. 이처럼 역사의 진상을 확실하게 이해한 다음에야 비로소 깊은 반성이 가능해지는 것입니다.

김문학 중국에서는 항일을 주제로 한 텔레비전 드라마나 교과서에서 일본의 나쁜 이미지를 반복적으로 선전하고 있지만 전후 변화한 일본과 평화로운 일본의 생활이나 문화 등은 중국에 별로 알려져 있지 않습니다.

마리칭 중국 측이 '사과만을 요구하는 사고'를 극복하지 않는 한, 새로운 일본에 대한 인식이나 중일 간의 우호 관계를 구축하는 것은 거의 불가능할 것입니다. 저는 일본의 사과에 대한 연구해왔습니다. 중일 국교 정상화 이래 40여 년 동안, 일본의 국가 지도자들은 스물다섯 번이나 중국에 대해 반성하고 사과한다는 뜻을 전했습니다. 일본은 명확하게 중국에 대하여 '침략 전쟁'을 한 사실을 인정하였고 식민 통치한 것에 대해 깊은 반성의 뜻을 보였습니다. 저는 2013년 간행한 저서 〈미움에 미래는 없다-중일 관계 신사고〉에서 여러 번 이 일에 대해 언급하였습니다.

김문학 미래 지향적인 제안이었지요.

지금의 중국인에게 '원구'의 책임을 지게 할 수 있나?

마리칭 일본의 중국 침략 전쟁으로 인한 피해는 어떠한 사과의 말로도 변상할 수 없습니다. 그러나 전후 70년 이상이 지난 현재 우리는 어떻게 해야 할까요? 설마 일본의 총리가 무릎을 꿇을 때까지 기다리자는 것입니까, 아니면 일부 중국인이 생각하는 것처럼 도쿄까지 침공하여 일본을 중국의 성 중 하나로 만드는 것입니까? 이성이 조금이라도 있는 사람이라면 이런 것들이 너무나 억지라라는 알겠지요. 마오쩌둥과 덩샤오핑은 당시 일본인의 반성을 거리낌 없이 받아들였는데 그것은 현명한 태도였다 생각합니다. 마오쩌둥과 덩샤오핑은 항일 전쟁을 이끈 인물인데도 그 정도까지 관대한 태도로 역사 문제에 마주하고 있었습니다. 그런데 왜 지금에 와서 오히려 사고 방식이 후퇴하여 미래 지향적으로 양국의 관계를 구축해서는 안된다고 말하는 걸까요?

김문학 말씀하시는 대로입니다. 중국 국내에서 일어난 대 실책에 대해서조차 아직 반성이나 사과를 한 적이 없으면서요.

마리청 맞습니다. 우리는 자신들이 일으킨 문화대혁명 등 잔혹한 과거의 문제에 대하여 국민을 향해 사과한 적이 한 번도 없습니다. 국내에서 동포가 수천만 명이나 희생된 역사상 전례가 없는 비극인데도 말이죠. 하물며 일본의 천황에게 독일 총리처럼 무릎을 꿇는 사과를 요구하였다 하더라도 과연 그 실현 가능성은 얼마나 있을까요?

우리는 '자성'이라는 문화적 전통을 가지고 있지 않습니까? 타국의 원수가 무릎을 꿇고 사과해야 하는 국제법적인 근거는 어디에도 없습니다. 그렇다면 천황이 무릎을 꿇지 않는 한 양국은 미래에 영구히 반목과 적대를 반복해야 한다는 말입니까?

제가 말하고 싶은 것은 사과를 어떤 특정 형식에 묶어둘 필요는 없다는 것입니다. 지금의 일본의 10대, 20대의 젊은이에게 그들의 할아버지나 증조부 세대가 한 행위에 대해 책임을 지라고 말한들 그게 무슨 의미가 있는 것일까요? 강압적으로 요구할 수는 있겠지만 그렇게 하면 그들은 오히려 반발하고 반중 감정만 강화할 뿐이라는 것입니다.

몽골제국 시대 일본을 두 번 침공한 것에 대해 지금의 중국 젊은 이에게 "그 책임을 져라"라고 요구하는 게 무슨 의미가 있는 것일까요?. 역사를 기억하는 것도 좋지만 그렇다고 해서 그 역사적인 사실과 함께 영원히 살아갈 수는 없는 것입니다.

김문학 마 선생님에게 중국 내에서는 매국노라는 딱지가 붙었는데도 중일 관계에 대해 진지하게 발언을 이어가고 있는 것은 어떤 이유에서입니까? 물론 저는 그 행동이야말로 진정으로 존경할 만하다고 생각합니다만.

마리청 감사합니다. 인터넷과 웨이보(중국 버전 트위터)에서는 일부 사람이 저에 대해 공격해옵니다. 하지만 천박한 욕설을 퍼부으며 중상모략하는 그들보다 제가 수십 배 애국자라고 자부하고 있습니다. 진정한 애국자는 개방적 사상과 넓은 시야, 냉정한 이성적 사고의 소유자이면서 동시에 자신의 철학이나 진실에 근거한 이야기를 숨기지 않고 국가나 민족을 위해 과감하게 말할 수 있는 담력이 있어야 한다고 생각합니다.

'대일 신사고'를 포함한 저의 일련의 주장은 예를 들면 "중국은 사과를 요구하는 사고에서 벗어나 '원한을 넘어' 미래 지향적으로 양국의 관계를 개선해야 한다"라는 것이고 이것은 지금 중국 국내에서는 저를 제외하고 아무도 제안할 수 없는 유익한 사고 방식이라고 확신합니다.

김문학 동감입니다. 마 선생님처럼 나라의 약점과 병폐를 굳이 비판하면서 새로운 대책을 제안할 수 있을 정도의 식견과 용기를 가진 사람이야말로 진정한 애국자라고 생각합니다.

마리칭 진정한 애국자와 애국자를 비난하면서 애국을 말로만 외치는 매국노는 본질적으로 천지 차이입니다. 역으로 제가 김 선생님께 묻고 싶은 것이 있는데요, 일본에서는 비판에 대한 관용의 정신이 중국보다 강하다고 듣고 있습니다만 어떤가요?

김문학 예, 그렇습니다. 세계적으로 봐도 일본인은 국민의 자질이 전체적으로 높고 교양이 있으므로 비판에 대해서는 비교적 관용적입니다. 지금의 중국은, 일본에서 1930~1940년대 내셔널리즘의 폭풍이 불던 때와 같은 양상을 나타내고 있는 것처럼 보입니다만 마 선생님은 어떻게 생각하십니까?

출세나 돈벌이의 도구가 되어버린 애국심

마리칭 애국심의 핵심을 이루는 중국의 내셔널리즘은 지금 팽창하고 있다고 말할 수 있습니다. 애국이 몇몇 사람의 피난처나 간판으로 이용되어 자신들의 이익을 위한 장사 도구로 전락해버렸는데 그것은 참으로 큰 비극입니다. 저의 친구로 역사가인 중산대학의 위안웨이스 전 교수(첫 번째 이유 참조)도 저의 주장을 지지해 주는 사람 중 한 사람입니다. 그러나 그는 이렇게 덧붙이는 것을 잊지 않습니다. "불행히도 민족주의가 일부 사람의 출세나 돈벌이 수단으로 이용되었기 때문에 이제 민족주의는 장사 중 하나로 변질되어버렸다"라고요.

김문학 애국심조차 출세나 돈벌이 도구가 되어버렸다니요. 그야말로 중국다운 이야기군요.

마리청 중국에는 이런 이야기가 있어요. 베이징대학의 어떤 여학생은 클린턴 대통령이 베이징을 방문했을 때 대통령에게 미국을 헐뜯는 질문을 하였다는 이유로 일약 애국자로 유명인이 되었습니다. 그런데 곧바로 미국으로 유학가서 미국인 남성과 결혼하고 미국 국적을 취득한 일이 있었습니다. 미국을 그렇게 헐뜯던 그녀가 완전히 미국인이 되어버린 것입니다. 도대체 어느 것이 진짜 그녀의 모습인지는 아무도 모릅니다. 이처럼 중국에서는 위안 교수님이 말하는 대로 애국이 일부 사람에게 이용되어 그들이 이익을 획득하는 수단이 되어버렸습니다.

1990년대 초, 천안문 사건 등으로 중국은 서양으로부터 제재를 받았기 때문에 민족주의의 팽창이 초래되었습니다. 일단 그것도 나름대로 일리가 있기 때문에 그것은 그것으로 괜찮습니다. 그러나 민족주의는 항상 이성과 반성으로 통제되어야 합니다. 민족주의는 자기 억제를 할 수 없기 때문에 관리하지 않고 내버려두면 끝없이 팽창합니다. 그래서 모처럼 1980년대 덩샤오핑 시대에 쌓인 중일 간의 밀월 관계는 왜곡된 민족주의에 의해 파괴되었습니다. 민족주의는 양날의

칼입니다. 그것은 상대에게 무서운 존재일 뿐만 아니라 자신에게도 위험한 존재입니다.

김문학 위안 교수님을 비롯한 많은 중국 석학은 민족주의가 팽창하는 위험성에 대해서 반복하여 지적했습니다. 사실 내셔널리즘은 1990년대 이후 중국과 한국에서 끊임없이 고양되어 왔다고 생각합니다. 중국과 한국, 나아가 북한의 내셔널리즘에 의한 도발 행위가 일종의 도화선이 되어 일본의 내셔널리즘에 불을 붙였다고도 할 수 있습니다만, 이 점에 대해서 마 선생님은 어떻게 생각하십니까?

마리청 김 선생님의 의견에 동의합니다. 덩샤오핑 시대까지 중일 관계는 순조롭게 발전하였고 마침내 우호 관계를 구축할 수 있었습니다. 1984년, 덩샤오핑이 당시 나카소네 야스히로 총리와 회담할 때 "중일 관계를 장기적 시야로 발전시켜 우선은 21세기 그리고 22세기, 23세기로 점차 확대해가는 중일 우호의 방침을 영원히 관철한다"라고 말하였습니다. 이 발언 속에 양국 사이에 걸쳐 있는 문제나 갈등을 극복하게 할 수 있는 중대한 메시지가 담겨 있습니다.

그러나 그 후 장쩌민 시대에 들어서자 중일 관계는 급속히 악화되었습니다. 중국 TV에서는 수백 개 이상의 항일 드라마가 방영되었습니다. 게다가 2012년 9월, 일본의 센카쿠열도 국유화를 계기로 중국 전국 85개 도시에서 반일 폭동이 발발했습니다. 그때 일부 사람은 언론이나 인터넷에서 "일본을 불바다로 만들고 일본 민족을 전멸시키자!"라면서 전쟁도 불사하겠다고 공언하였습니다. 그 후도 그러한 목소리가 계속 나오는 것에 대해 중국 사회과학원 부원장으로 근무한 류지[劉吉] 씨는 "국내 일부 사람의 일본에 대한 매도나 협박은, 아베 정권에게 일본의 주장에 대한 국제적인 지지를 얻어내는 데 있어 오히려 유리한 근거를 제공했다"라고 지적하였습니다.

확실히 일본의 내셔널리즘도 중일 관계와 마찬가지로 마이너스로 작동하는 반작용을 불러일으켰습니다. 2002년에 발표한 '대일 관계의 신사고'에서도 저는 열광적 일본 우익의 내셔널리즘에 대해 비판하였습니다. 정리하자면 중일 나아가 한국에서 그야말로 폭력적인 내셔널리즘이 고양되는 상황이라고 말할 수 있습니다. 이러한 대립은 매우 위험한 것입니다.

김문학 이 작용과 반작용의 삼각형이 생겨난 원인은 무엇이라고 생각합니까?

마리청 동서 냉전이 끝난 후, 근대 이후 국가 간의 역학 관계가 역전되는 현상이 일어나는 것과 동시에 특히 중국이 2000년대에 경제 대국으로 급성장을 이루면서 일본을 능가하게 되었습니다. 그러자 중국인 사이에 민족적인 자신감이 자라났고 그것이 과거의 패배한 역사적 굴욕과 겹쳐 급진적인 민족주의와 폭력적인 애국주의로 분출된 것입니다.

한국은 중국보다 민주적이지만 역시 민족주의에 있어서는 엄청난 힘이 있다고 생각합니다. 한편 일본은 이제 아시아에서의 패권을 중국에 양보하지 않을 수 없게 되면서 저출산 고령화나 경제적 부진이 겹쳐 거대한 압력을 느끼고 있었습니다. 일본의 내셔널리즘도 역시 중국과 한국에 대한 '반발의 역학'으로 생긴 것이라 생각합니다.

김문학 그렇군요. 동아시아의 문제 해결을 위해서는 정서적이고 편협한 내셔널리즘에서 탈피하여 서로의 가치와 존재를 인정하는 것이 중요하지 않을까요? 중국도 대국다운 거대한 관용성과 품격을 가지는 것이 필요하고요.

복수심을 수출할 수는 없다

마리청 말씀하시는 대로입니다. 중국은 평화적인 국가, 대국으로 변모하여야 하고 그에 걸맞은 태도로 세계로부터 존경받는 나라가 되어야 합니다. 진정한 대국적인 태도가 한나라나 당나라 시대의 기개입니다. 대국적인 도량으로 주변 국가와 유연하게 접하고 상호 신뢰 관계를 구축한 다음 자신감을 가지고 다양한 문제에 유연하게 대응하는 것입니다. 제가 '대일 관계의 신사고'를 쓴 것도 그것을 주장하기 위해서였습니다.

중국과 일본에 관한 수많은 저의 논문은, 모두 중국이 본래 갖추어야 할 모습을 전하기 위해 발표한 것입니다. 그러나 많은 독자가 그 점을 읽어내지 못하였습니다. 19세기 아편전쟁 당시의 정서에서 벗어나지 못한 사람이 많습니다. 이러한 국민적 심리는 대국에는 걸맞지 않다고 생각합니다.

김문학 대국다운 자신감과 문화적 여유가 있어야 한다는 말씀이시군요.

마리청 그렇습니다. 한국인의 매우 격렬한 반일 시위를 보고 중국인에게는 그러한 열광적인 민족 정신이 부족하다고 지적하는 지식인도 있습니다. 하지만 솔직히 말해서 그러한 애국에 대한 열정은 한편으로 이해할 수 있다 하더라도 실제로 그것을 데모 행위로 옮기는 데는 전혀 찬성할 수 없습니다. 무엇보다 중국과 한국을 비교할 필요가 없습니다. 아시아의 대국이며 세계 2위의 경제 대국으로서의 품격을 가져야 하지 않겠습니까? 애당초 늘 복수심에 불타는 대국이 있는 것 자체가 매우 무서운 일입니다.

중국이 진지하게 생각해야 할 것은 국가가 강대하게 되었다면 무엇을 정말로 세계에 수출할 것인가 하는 문제입니다. 공업 제품 이외에도 수출할 수 있는 정신적인 것이나 문화적인 소프트파워가 있어야 합니다. 복수심을 수출할 수는 없습니다. 현재 세계와 아시아 주변 국가에서는 중국에 대한 경계심과 불신감이 증가하고 있습니다. 그러므로 중국에는 관용성과 포용력이 있다는 것을 세계에 알려야 합니다.

한중일의 화해는 가능하다

김문학 독일의 사상가 한나 아렌트가 말한 바와 같이 "상대를 멸하는 것이 아니라 공생을 위한 제휴와 협력의 정신"이 지금 필요하다는 말씀이군요. 마 선생님은 한중일 화해의 가능성은 있다고 보십니까?

마리청 저는 가능하다고 확신합니다. 저의 '대일 관계의 신사고'는 중국 지도층에도 영향을 주었습니다. 2006~2008년 사이에 중일 양국 지도자는 네 번이나 상호 방문하였습니다. 그것은 중국 측이 '신사고'를 받아들인 덕분입니다. 후진타오나 원자바오의 외교 정책의 이론적 기초가 되었을 가능성도 높다고 생각합니다. 그것은 저 혼자의 생각이 아닙니다. 중국 국내의 지식인들도 그렇게 지적하고 있으니까요.

2008년에 발표된 중일 공동 성명에는 다음과 같은 말이 담겨 있습니다. "중국 측은 일본이 전후 60년여 간 평화 국가로서의 행보를 유지하면서 평화적 수단에 의해 세계의 평화와 안정에 공헌해 온 점을 적극적으로 평가한다"라고 말이죠. 이것은 중국의 일본에 대한 인식에 있어서 매우 긍정적인 의미를 가지고 있습니다.

김문학 2007년, 원자바오 총리는 일본의회 연설에서 "중국의 개혁 개방과 근대화 건설에 일본 정부와 일본 국민으로부터 지지와 지원을 받았습니다. 이것을 중국 인민은 언제까지나 잊지 않겠습니다"라고 발언했습니다. 후진타오 국가 주석도 2008년, 와세다 대학에서의 강연에서 일본의 ODA와 엔 차관에 의한 지원에 대해 사의를 표명하였습니다. 이것이야말로 '신사고'의 실천이 아닐까 합니다.

마리칭 말씀하시는 대로입니다. '신사고'는 장래에도 중국의 대일 정책에서 중요한 근거가 될 것으로 믿고 있습니다. 큰 생명력을 가지고 있다고도 말할 수 있지요. 현재는 중일 간 인적 교류도 활발해지고 있으며 실제로 일본을 방문한 중국인의 일본에 대한 태도와 견해는 보다 나은 방향으로 바뀌는 것 같습니다. TV 드라마에 자주 나오는 일본인과 실제로 만나는 일본인은 전혀 다르니까요.

일본 문화에 매료되어 일본을 좋아하게 되는 중국인이 점점 늘어날 것입니다. 이 대담의 앞부분에서도 언급했듯이, 유럽에서는 프랑스와 독일이 과거의 관계를 초월하여 우호적 관계를 구축했습니다. 저는 중국과 일본도 이 양국을 모델로 배워야 한다고 강력하게 생각하고 있습니다.